W0302791

KAROLIN KÜNTZEL ⚒ ILONKA BABERG

ENTDECKUNGSREISE UNTER DIE ERDE

circon

© Circon Verlag GmbH
Baierbrunner Straße 27, 81379 München
Ausgabe 2020

Alle Rechte vorbehalten. Nachdruck, auch auszugsweise, nur mit ausdrücklicher Genehmigung des Verlages gestattet.

Text: Karolin Küntzel
Illustration: Ilonka Baberg
Redaktion: Jennifer Döhring
Fachredaktion: Dr. Christof Ellger, Lars Wilker
Produktion: Ute Hausleiter
Abbildungen: siehe Bildnachweis S. 96
Titelillustration: Ilonka Baberg
Titelabbildungen (U4): Ilonka Baberg (l.), stock.adobe.com: trafa (M.), Peruphotoart (r.)
Umschlaggestaltung und Innenlayout: Enrico Albisetti

ISBN 978-3-8174-2552-5
381742552/1

Besuchen Sie uns auf Instagram und Facebook:
circonverlag

www.circonverlag.de

VORWORT

Nach einem Regenguss verschwindet das Wasser in einem Gully. Das Kaninchen flüchtet vor dem Fuchs in seinen Bau. Die Kabel für das Telefon werden in einem Schacht unter dem Bürgersteig verlegt. Dein Reisegepäck fährt auf einem Förderband in den Bauch des Flughafens und wird dort verladen. Ein Höhlentaucher entdeckt eine neue Kammer mit Kristallen. Ein Bankräuber vergräbt einen Schatz, eine Mohrrübe wächst und du buddelst im Garten ein Loch.
Alle diese Ereignisse haben etwas gemeinsam: Sie spielen sich unter der Erde ab oder führen dorthin. Manchmal geht es nicht besonders tief hinunter, interessante Entdeckungen und Erfahrungen kannst du trotzdem machen. Vielleicht warst du schon einmal in einer Höhle und hast dort Tropfsteine gesehen, oder du hast einen Blick in eine Baugrube geworfen und die vielen Leitungen entdeckt, die verlegt werden. Auch in einem Tagebau oder einem Steinbruch bekommst du einen Einblick in die Erde und kannst vielleicht sogar erkennen, dass sie aus verschiedenen Bodenschichten besteht. Von all diesen Einblicken, Tunneln, Röhren, Kratern und Löchern handelt dieses Buch. Es nimmt dich mit unter die Erde in eine unbekannte, spannende Welt!

INHALT

STEIG HINAB IN EINE VERBORGENE WELT!

VON HÖHLEN, VULKANEN UND DEM LEBEN UNTER DER ERDE

STEIG HINAB IN EINE VERBORGENE WELT!

STELL DIR VOR, DU KÖNNTEST AUF EINER TREPPE IMMER TIEFER IN DIE ERDE HINABSTEIGEN. ZUERST DURCH DEN BODEN, DER SANDIG ODER STEINIG IST, VORBEI AN WURZELN UND TIERHÖHLEN, WEITER DURCH GESTEIN UND FELS – UND DANN? WAS KÄME DANACH UND WAS WÜRDE DICH DORT ERWARTEN? WIE SÄHE ES TIEFER IN DER ERDE AUS UND WIE WARM WÄRE ES DORT? WIE WEIT MÜSSTEST DU GEHEN, BIS DU DEN MITTELPUNKT ERREICHST? WAR DORT ÜBERHAUPT SCHON MAL JEMAND? MACH DICH AUF DEN WEG, DIE REISE BEGINNT JETZT!

DER AUFBAU DER ERDE

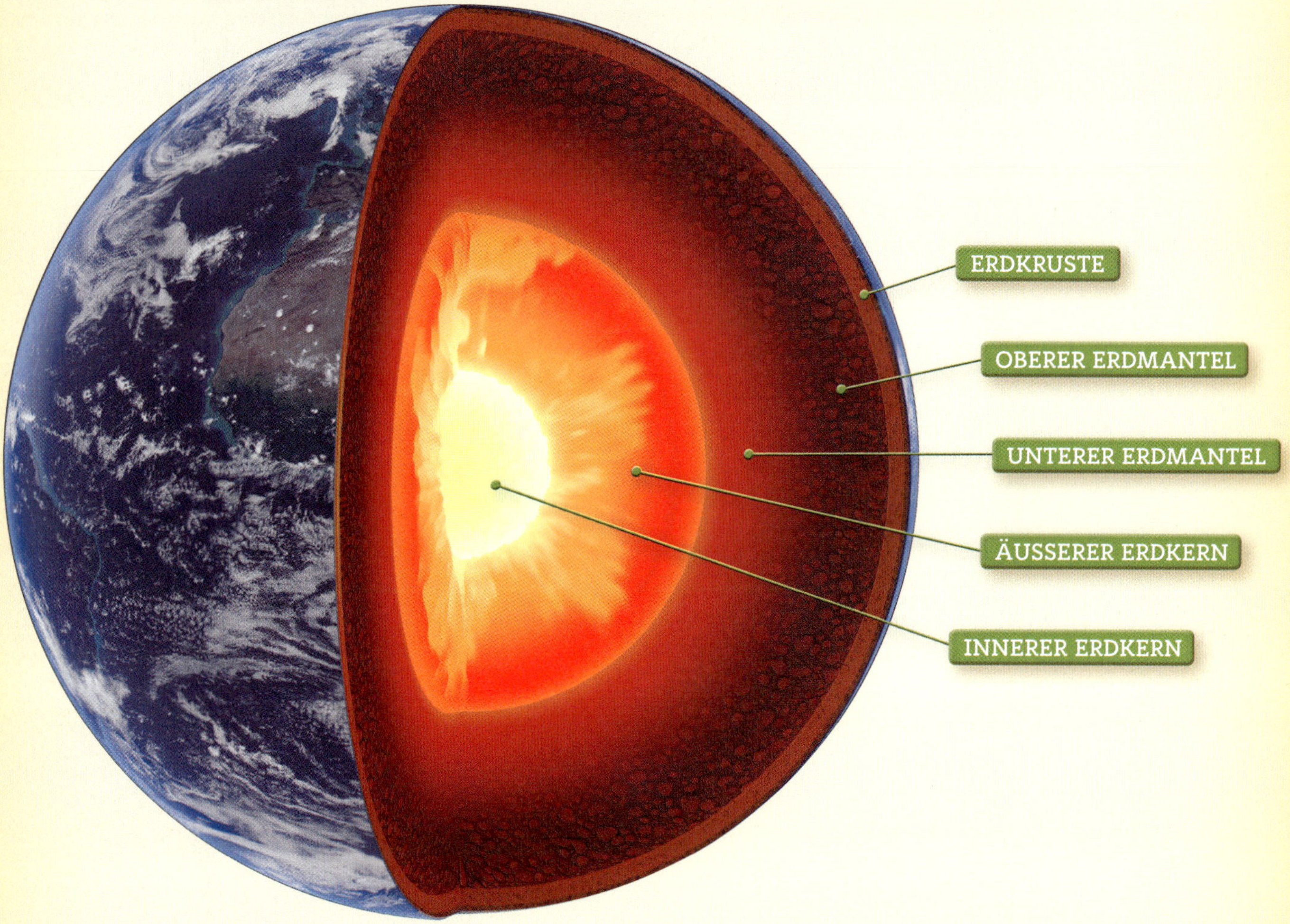

FEST, FLÜSSIG, FEST

Die Erde trägt dich – auch wenn du in die Höhe springst und mit Schwung wieder aufkommst. Kein Loch tut sich auf und verschlingt dich. Der Boden ist fest. Könntest du jedoch mit einem Riesenbohrer bis zum Erdmittelpunkt bohren, würdest du feststellen, dass sie im Inneren flüssig und im Kern wieder fest ist.

DAS TIEFSTE BOHRLOCH DER ERDE

Bis zum Mittelpunkt der Erde kann man leider nicht bohren, denn das ist viel zu tief und zu heiß. 6371 Kilometer sind es bis dahin und so weit reicht kein Bohrer. Das bisher tiefste Loch, das gebohrt wurde, ist gerade einmal 12.262 Meter tief, also etwas mehr als 12 Kilometer. In dieser Tiefe ist es mit fast 200 Grad Celsius bereits so heiß, dass der Bohrer weich wird und nicht mehr funktioniert.

DAS SCHALENMODELL DER ERDE

Wie es tief in der Erde aussieht und wie unser Planet aufgebaut ist, haben Wissenschaftler mithilfe verschiedener Messungen wie zum Beispiel Erdbebenwellen herausgefunden. Um einen Kern liegen verschiedene Schichten, ähnlich wie bei einer Zwiebel. Die äußerste Schicht ist die Erdkruste. Auf ihr stehst du. Dann folgen der obere und untere Erdmantel sowie der äußere und innere Erdkern.

DIE ERDKRUSTE

Die äußere Hülle der Erde nennt man Erdkruste. Sie besteht aus ganz unterschiedlichen Gesteinen wie Granit, Basalt, Kalk oder Sandstein. Dort, wo sich die Kontinente befinden, ist die Erdkruste etwa 35 Kilometer dick, also noch wesentlich dicker, als man bisher bohren konnte. Wo sich Gebirge auftürmen, kann sie sogar bis zu 70 Kilometer dick sein. Unter dem Meer ist die Erdkruste, die dort auch ozeanische Kruste genannt wird, mit einer Stärke von fünf bis acht Kilometern wesentlich dünner. Während es auf der Erdoberfläche Temperaturen von -89 Grad Celsius bis +58 Grad Celsius geben kann, steigt die Temperatur im Erdinneren, je näher man dem Kern kommt. An der unteren Grenze der Erdkruste kann es rund tausend Grad Celsius heiß sein.

DER OBERE ERDMANTEL

Der obere Erdmantel reicht bis in eine Tiefe von 660 Kilometern. Das Gestein ist dort fest oder zähflüssig. In diesem Bereich entstehen die Bewegungen der Kontinentalplatten, die zu Erdbeben, Tsunamis und Vulkanausbrüchen führen können.

KONTINENTALE KRUSTE

Ein Drittel der Erdkruste gehört zur sogenannten kontinentalen Erdkruste. So nennt man die Erdkruste der Landmassen, also der Kontinente. Sie besteht aus wesentlich älteren Gesteinen als die ozeanische Kruste.

DER UNTERE ERDMANTEL

In einer Tiefe von 660 bis 2900 Kilometern befindet sich der untere Erdmantel. Hier kann es bis zu 4000 Grad Celsius heiß werden. Der Druck ist in dieser Tiefe wegen der darüberliegenden Gesteinsschichten sehr groß. Im Gegensatz zum oberen Erdmantel ist das Gestein deshalb fest. Forscher haben herausgefunden, dass es hier ein besonders schweres Mineral gibt, das an der Erdoberfläche gar nicht vorkommt. Es bekam 2014 den Namen Bridgmanit und ist das häufigste Mineral der Erde. Man kennt es auch aus Meteoriten, also Steinen, die aus dem Weltall in die Erde einschlugen.

MINERALE

Minerale sind Grundbausteine von Gesteinen. Ihre Zusammensetzung entscheidet über die Gesteinsart.

Es gibt rund 5500 verschiedene Arten von Mineralen.

DER ÄUSSERE ERDKERN

Ab einer Tiefe von 2900 Kilometern beginnt der äußere Erdkern und reicht bis in 5100 Kilometer hinunter. Dort klettern die Temperaturen bis auf 4300 Grad Celsius. Diese Schicht besteht hauptsächlich aus flüssigem Eisen. Wissenschaftler vermuten, dass in diesem Bereich durch die Bewegung des flüssigen Metalls rund um den inneren Erdkern der Magnetismus der Erde entsteht.

Die Magnetnadel im Kompass reagiert auf das flüssige Eisen im äußeren Erdkern. Die Nadel weist den Weg, indem sie immer nach Norden zeigt.

DER INNERE ERDKERN

Er besteht zu 80 Prozent aus Eisen und zu 20 Prozent aus Nickel. Allerdings ist das Metall in einer Tiefe von mehr als 5100 Kilometern aufgrund des enormen Drucks, der nahe am Erdmittelpunkt herrscht, wieder fest. Außerdem ist es extrem schwer und heiß: Mit 5400 Grad Celsius ist das Metall so heiß wie die Oberfläche der Sonne!

DIE ZERBROCHENE ERDKRUSTE

Die Erdkruste umspannt die Erdkugel nicht nahtlos wie eine Haut. Sie ist in mehrere Teile, die Platten, zerbrochen. Insgesamt gibt es sieben große Platten und über 20 kleinere. Sie tragen die Ozeane oder Kontinente und treiben wie Flöße auf dem oberen Erdmantel. Sie bewegen sich nicht besonders schnell, nur wenige Zentimeter pro Jahr. Da sie jedoch in unterschiedliche Richtungen driften, kommt es entweder zu Zusammenstößen, oder es bildet sich ein Spalt an den Stellen, wo sie sich voneinander wegbewegen.

Wenn Platten sich gegenseitig nach oben drücken, entsteht ein Gebirge.

DIE SIEBEN GROSSEN PLATTEN

Sie heißen: Nordamerikanische, Südamerikanische, Antarktische, Afrikanische, Eurasische, Indo-Australische und Pazifische Platte.

MACH MAL PLATZ DA!

Wo die Platten aufeinandertreffen, reiben sie sich aneinander, verhaken sich und schieben sich auf- oder untereinander. Vor allem dort, wo sich eine schwere ozeanische Platte unter eine leichtere kontinentale Platte schiebt, bebt die Erde, Inseln entstehen und Gesteinsmassen werden zu Gebirgen hochgedrückt. Vulkane brechen aus, weil durch Risse, die sich in der Erdkruste bilden, Magma an die Oberfläche steigt.

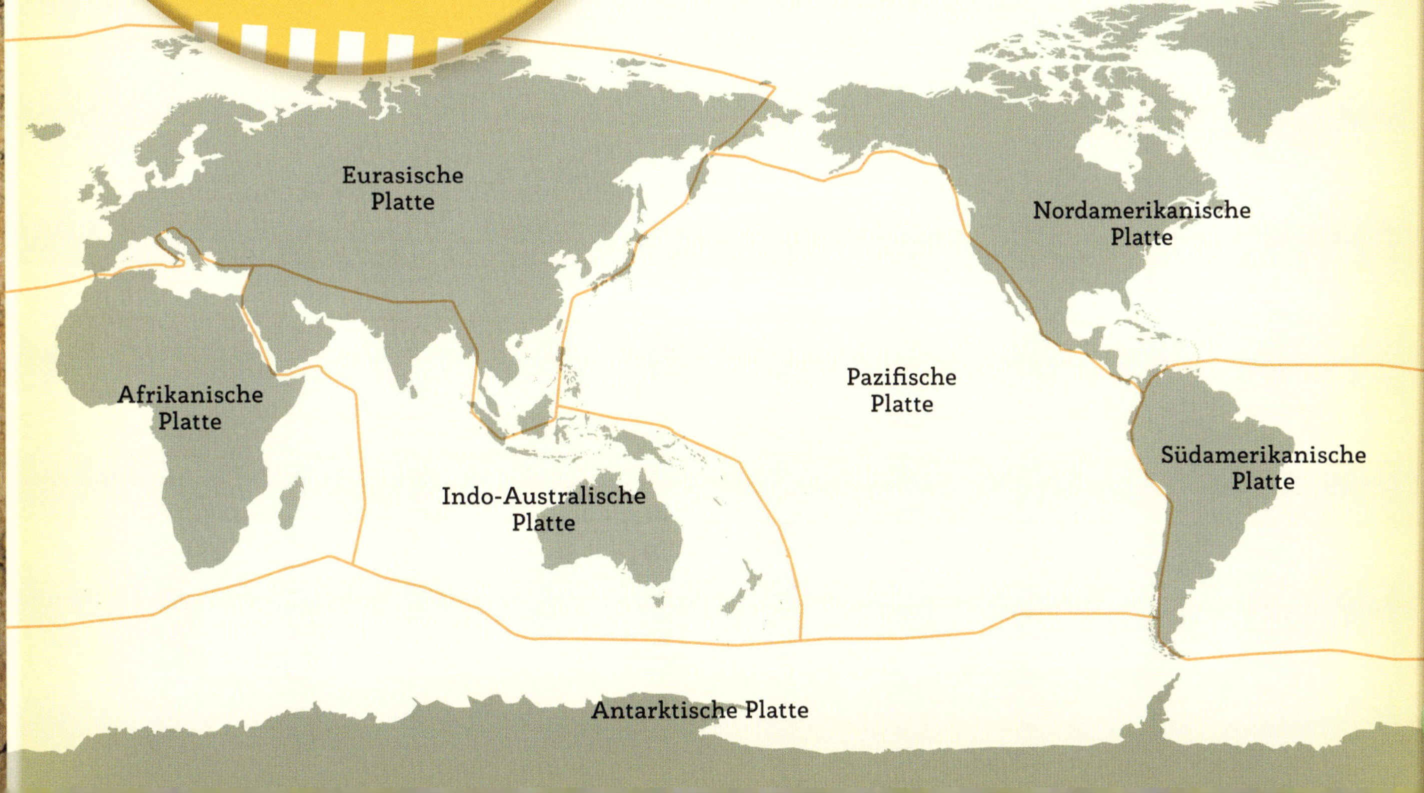

VON HÖHLEN, VULKANEN UND DEM LEBEN UNTER DER ERDE

BIS ZUM MITTELPUNKT DER ERDE KOMMST DU NICHT, DU KANNST ABER EIN WENIG AN DER OBERFLÄCHE DER ERDKRUSTE „KRATZEN" UND GUCKEN, WAS DARUNTER IST. WER ODER WAS LEBT IN DER ERDE, WELCHE BAUWERKE GIBT ES DORT UND WELCHE HÖHLEN HABEN SICH IM ERDINNEREN GEBILDET? DU KANNST SOGAR EIN STÜCK HINABSTEIGEN UND DIR SELBST EIN BILD VOM UNTERGRUND MACHEN. GEH ZUM BEISPIEL IN DEN KELLER, FAHRE MIT DER U-BAHN ODER NIMM AN EINER FÜHRUNG DURCH DIE KANALISATION TEIL.

IN DER STADT

DIE UNTERIRDISCHE STADT

In der Stadt gibt es ein Oben und ein Unten. Die oberirdische Stadt ist dir wahrscheinlich vertraut. Dort gibt es Straßen, Autos, Häuser, Geschäfte, Laternen, Straßenbahnen, Brunnen und vieles mehr. In der unterirdischen Stadt gibt es ganz ähnliche Dinge, zum Beispiel die U-Bahn, mit der du sicherlich schon einmal gefahren bist. Außerdem verlaufen im Untergrund die Leitungen für Telefon, Gas, Wasser und Strom. Es gibt unzählige Lagerräume, Bunker, kilometerlange Transportbänder und Tunnel. Ohne die unterirdische Stadt würde oben vieles nicht funktionieren.

AUSBREITUNG NACH UNTEN

In dicht besiedelten Gebieten können sich Städte nicht immer weiter ausbreiten, deshalb wird häufig in die Tiefe gebaut. Auto- und Bahntunnel unterqueren Häuser und Gewässer und der Verkehr wird in den Untergrund verlagert. In fensterlosen Läden, Büros und Fabriken arbeiten Menschen und in unterirdischen Räumen werden wichtige Dokumente, Gemälde, Geld und Gold gelagert.

KELLER UND TIEFGARAGEN

DUNKLES ABTEIL

Viele Häuser haben einen Keller und meistens gehört auch zu einer Mietwohnung ein Kellerabteil. Bei sehr alten Häusern liegen diese Keller oft vollständig in der Erde und sind sehr dunkel, weil sie keine Fenster oder keinen Lichtschacht haben. Sind sie dann noch muffig, sehr verwinkelt und voller Spinnweben, gehen viele Menschen nicht gerne hinunter, weil sie sich dort gruseln. Rücksicht wurde darauf früher nicht genommen, denn im Keller lagerten Vorräte wie Kartoffeln, Äpfel und Eingemachtes sowie Brennholz und Kohle zum Heizen. Wollte man es warm haben oder etwas essen, musste man hinunter – Grusel hin oder her. Moderne Keller sind selten schaurig. Sie sind gut beleuchtet und hell, oft beheizt und viele eignen sich sogar als Gästezimmer oder Hobbyraum.

DAS AUTO IM TIEFGESCHOSS

In den Städten gibt es immer weniger Parkplätze für die vielen Autos. Deshalb werden unter öffentliche Gebäude oder unter Mietshäuser Tiefgaragen gebaut, in denen die Besucher oder Mieter ihr Fahrzeug abstellen können. Das ist besonders im Winter praktisch, denn dann muss man bei Frost nicht die Scheiben freikratzen. Außerdem ist der Weg bis zum Parkplatz meist kurz.

FRIEDHÖFE, GRÄBER, URNEN

LETZTE RUHE

Die meisten Menschen finden ihre letzte Ruhestätte nach dem Tod auf einem Friedhof. Zwar gibt es auch andere Bestattungsformen wie Seebestattungen, am gebräuchlichsten ist aber immer noch die Beerdigung in einem Sarg oder einer Urne. In einer feierlichen Zeremonie wird der Sarg oder die Urne von der Kapelle oder Aussegnungshalle zum Begräbnisplatz getragen und dort nach einer Trauerrede in die Erde versenkt. Anschließend wird die Grube wieder mit Erde geschlossen.

TIEF UND TIEFER

Wie tief die Urne oder der Sarg unter die Erde kommen, hängt von der Bodenbeschaffenheit der Grabstelle und von den Richtlinien des jeweiligen Friedhofs ab. Als Richtwert gilt für eine Urne eine Bestattungstiefe von 80 Zentimetern und für einen Sarg von 1,80 bis 2,20 Metern. Früher wurden die Gräber von Hand ausgehoben, heute hilft ein kleiner Bagger bei der schweren Arbeit.

Das Kolumbarium

DAS KOLUMBARIUM

Nicht alle Urnen werden in der Erde beigesetzt, einige kommen auch in eine Art Wand oder Regal, in ein sogenanntes Kolumbarium. Für jede Urne gibt es dort ein Fach, das nach der Beisetzung mit einer Platte verschlossen wird. Auf ihr stehen wie auf einem Grabstein der Name und die Lebensdaten des Verstorbenen.

TOTENGRÄBER/IN

EIN BERUF MIT VORURTEILEN

Im Mittelalter gehörte der Beruf des Totengräbers zu den unehrenhaften Berufen und wer ihn ausübte, musste außerhalb der Stadtmauern wohnen. Diese Zeiten sind längst vorbei, doch Menschen, die im Bestattungswesen arbeiten, kämpfen auch heute noch mit Vorurteilen. Der Umgang mit den Toten und die Arbeit auf dem Friedhof sei bestimmt gruselig, außerdem gäbe es in dem Beruf nie etwas zu lachen, heißt es dann zum Beispiel.

ERDE RAUS, ERDE REIN

Heute bezeichnet man Totengräber als Grabmacher, Friedhofswärter oder Bestattungshelfer. Zu ihren Aufgaben zählt die Herrichtung des Grabes. Sie heben die Grube aus und stützen die Seiten ab, damit sie nicht einstürzt. Die ausgehobene Erde häufen sie neben der Grabstelle an oder lagern sie etwas abseits. Der Erdhügel wird mit einer grünen Plane abgedeckt, damit er nicht so auffällt. Ist der Sarg oder die Urne in der Grube und alle Trauergäste sind gegangen, verschließt der Grabmacher die Grube mit der ausgehobenen Erde und schichtet sie zu einem kleinen Hügel auf. Auf ihm legt er die Kränze ab und achtet darauf, dass deren Schleifen ordentlich liegen und gut zu lesen sind.

ALLES FLIESST, ABER WOHIN?

LEITUNGSWASSER, MARSCH!

Drehst du den Wasserhahn auf, fließt Wasser heraus. Es kommt aus den Leitungen, die im Badezimmer und in der Küche verlegt sind. Sie ziehen sich durch das ganze Haus bis in den Keller und von dort weiter in die Erde und schließlich bis zum nächsten Wasserwerk. Jedes Haus ist an das unterirdische Leitungsnetz angeschlossen, das wie ein riesiges Spinnennetz unter der Stadt liegt. Je nach Größe des Ortes oder der Stadt kann das Leitungsnetz für die dortige Trinkwasserversorgung mehrere Hundert bis zu vielen Tausend Kilometern lang sein.

VOM REGENWASSER ZUM TRINKWASSER

Das Wasser im Wasserwerk stammt aus dem Regenwasser, das sich in Flüssen, in Seen und dem Grundwasser im Boden sammelt. Damit du es unbesorgt trinken kannst, wird es aufwendig mit Filtern und mit Sauerstoff gereinigt. Anschließend prüft ein Labor, ob die Qualität gut ist. Erst dann darf es durch die Leitungen in die Häuser gepumpt werden.

NACH WASSER GRABEN

Das Grundwasser befindet sich in Deutschland in unterschiedlichen Tiefen. Bis zu 100 Meter muss man in einigen Gegenden bohren, bis man Wasser findet. Am Rand von Flüssen oder Seen stößt du jedoch schon auf Grundwasser, wenn du nur ein wenig buddelst.

AB IN DEN ABFLUSS

So wie das Wasser aus der Leitung kommt, verschwindet es auch wieder in einer. Nämlich dann, wenn es beim Händewaschen in den Abfluss fließt oder wenn du den Stöpsel der Badewanne nach dem Baden ziehst. Parallel zur Trinkwasserleitung verläuft auch die Abwasserleitung durch das Haus in den Boden. Dort mündet sie in Kanalrohre und in Abwasserkanäle, in denen auch das Regenwasser von der Straße aufgefangen wird. Manche Abwasserkanäle sind so klein, dass ein Mensch nicht hindurchpassen würde, andere so hoch, dass eine U-Bahn hindurchfahren könnte. Unter jeder Straße befindet sich ein ebenso langes Abwasserrohr, in das du durch einen Kanalschachtdeckel hinabsteigen könntest.

DER DRECK MUSS WEG

Alle Abwasserrohre führen zum Klärwerk. Dort wird das Wasser in verschiedenen Becken von Sand, Dreck, Schlamm und Fäkalien gereinigt. Große Rechen fischen Papier, Laub und andere grobe Bestandteile heraus. Mit Filtern, die unterschiedlich enge Maschen haben, werden die kleineren Schmutzteilchen entfernt. Die kleinsten Verunreinigungen beseitigen Bakterien. Spezialanlagen können sogar giftige Chemikalien aus dem Wasser entfernen. Mit jedem Arbeitsschritt wird das Abwasser sauberer – so sauber, bis es schließlich nach einer gründlichen Kontrolle in einen Fluss geleitet werden darf.

Im Klärwerk wird in riesigen Becken das Abwasser gereinigt.

FACHKRAFT FÜR ROHR-, KANAL- UND INDUSTRIESERVICE

Mit einer Art riesigem Staubsauger wird der Gulli gereinigt.

Vielleicht hast du schon einmal Arbeiter beobachtet, die mit einem großen Saugschlauch Gullis reinigen. Das sind Fachkräfte für Rohr- und Kanalservices. Um den Beruf auszuüben, ist eine dreijährige Ausbildung nötig. Natürlich lernen die Lehrlinge in der Zeit viel mehr, als nur Abwasserrohre zu reinigen. Sie untersuchen beispielsweise Kanäle und Rohre mit Kameras und Robotern auf Schadstellen. Sie beseitigen Störungen und Schäden, arbeiten viel mit technischen Geräten und am Computer und kümmern sich auch darum, dass Leitungen den rechtlichen Anforderungen entsprechen, also dicht und in Ordnung sind. Arbeitssicherheit und Umweltschutz sind ebenfalls Inhalte der Ausbildung. Die Arbeiterinnen und Arbeiter sind sowohl draußen mit den Spezialfahrzeugen unterwegs als auch in den Kanälen. Am Schreibtisch im Büro schreiben sie hinterher die Berichte. Entscheidet man sich für die Ausbildungsrichtung Industrieservice, reinigt man chemische Behälter, wartet Abfüll- und Pumpenanlagen, säubert Tanks mit Hochdruck- und Vakuumsauggeräten und kümmert sich um die umweltgerechte Entsorgung von Rückständen und Sonderabfällen.

Mithilfe einer Kamera wird ein Abwasserrohr untersucht.

FÜHRUNG DURCH DIE UNTERWELT

ACTIVITY

UNTERWEGS IN DER KANALISATION

Willst du die Stadt auch einmal von unten sehen, kannst du U-Bahn fahren, einen Blick in Baugruben werfen oder an einer Führung in den Untergrund teilnehmen. Die Stadtwerke – Stadtreinigung und Wasserbetriebe – bieten in vielen Städten regelmäßig Ausflüge in das unterirdische Kanalnetz und zu den Wasserspeichern an. Über eine Treppe, den sogenannten Fremdeneingang, geht es ganz bequem mehrere Meter hinunter in die Kanalisation. So komfortabel ist der Einstieg für die Kanalarbeiter, die täglich unter der Stadt unterwegs sind, normalerweise nicht. Üblicherweise steigen sie durch einen Schacht in die Tiefe, der mit einem Kanaldeckel verschlossen ist. In der Kanalisation riecht es etwas streng, aber nicht so schlimm, wie du es dir vielleicht vorstellt. Außerdem gewöhnt man sich recht schnell an den Geruch des Abwassers. Die Kanalabschnitte, die du besichtigen kannst, sind beleuchtet, sodass du alles gut siehst. Normalerweise ist es dort unten aber stockdunkel und die Arbeiter müssen eine Lampe mitnehmen.

IIIIH, RATTEN!

In der Kanalisation leben viele Ratten. Aber keine Angst! Bei der Führung bekommst du sie nicht zu Gesicht, denn sie sind sehr scheu.

LANGE LEITUNGEN

VIELE, VIELE VERSORGUNGSKABEL

Unter der Erde verlaufen neben, über und unter den Wasser- und Abwasserleitungen noch viele weitere Versorgungskabel und -rohre. Sie sorgen dafür, dass du über das Festnetz telefonieren, über Kabel fernsehen sowie mit Gas kochen und heizen kannst. Außerdem versorgen sie die Steckdosen in eurer Wohnung mit Strom und ihr habt Licht, wenn ihr die Lampen einschaltet. Geht eine dieser Leitungen bei Bauarbeiten kaputt, merken die betroffenen Anwohner das sehr schnell, weil dann zum Beispiel kein elektrisches Gerät mehr funktioniert.

WOHER KOMMT DER STROM?

Strom kann aus Kohle, Erdöl und Erdgas, aber auch durch Wind- und Wasserkraft und aus Sonnenenergie gewonnen werden. Von den Kraftwerken verlaufen dicke Stromleitungen unter oder über der Erde zu einem Umspannwerk. Dort wird die Kraft des Stroms verringert, bevor er weiter zu einer Ortsnetzstation geleitet wird. In diesem Gebäude wird die Stromspannung noch einmal reduziert und anschließend über unterirdische Leitungen an die Hausanschlüsse verteilt. Sie befinden sich meistens im Keller und münden dort in einen Verteilerkasten. Lass dir von deinen Eltern einmal diesen „Stromkasten“ zeigen.

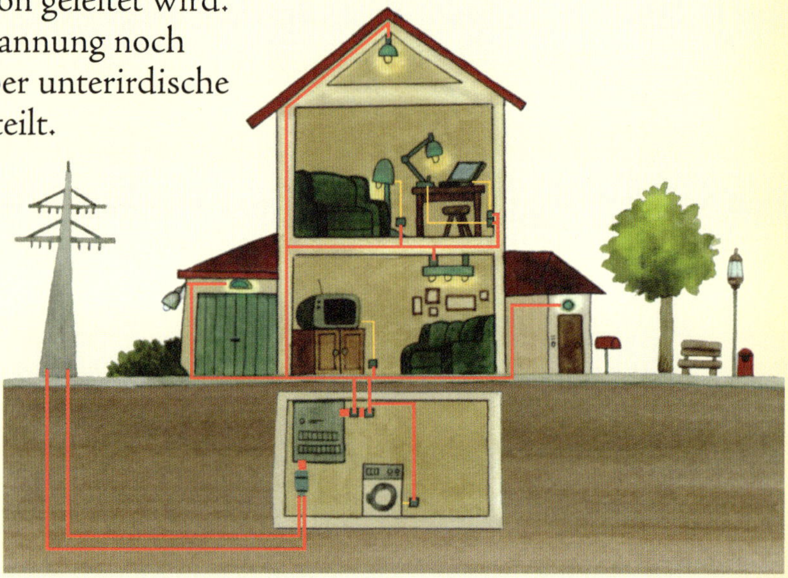

Windkraftanlagen erzeugen aus der Kraft des Windes elektrische Energie. Diese wird unterirdisch weitergeleitet.

Gasleitungen kannst du an ihrer gelben Farbe erkennen.

GAS = GELB

Gasleitungen, die in Baugruben freiliegen, erkennst du gut an ihrer knallgelben Farbe. Wie beim Strom wird das Gas über verschiedene Verteilstationen bis in die Hauptleitung befördert. Von dort geht es zum Hausanschluss, der sogenannten Hauptabsperreinrichtung, und weiter zum Heizkessel oder zum Herd. Gas ist explosiv, deshalb sind Arbeiten an Gasleitungen gefährlich und dürfen nur von speziell ausgebildeten Personen vorgenommen werden.

GASGERUCH

Eigentlich ist Gas geruchlos. Zur Sicherheit wird dem Gas aber ein Duftstoff beigemischt, damit man schnell bemerkt, wenn es austritt. Ist eine Leitung undicht, müssen Funken und Flammen unbedingt vermieden und sofort die Feuerwehr alarmiert werden.

ERDVERBUNDEN: TELEFON, INTERNET, FERNSEHEN

Die meisten Menschen telefonieren heute über ein Mobiltelefon und damit kabellos. Ein Festnetztelefon benötigt dagegen ein Fernmeldekabel, das über Verteilerkästen bis zum Hausanschluss in der Erde verlegt ist. So kannst du telefonieren, aber auch ins Internet gehen. Auch der sogenannte Kabelanschluss für den Fernseher kommt unterirdisch in die Wohnung und ist damit weniger störanfällig als eine Satellitenanlage auf dem Balkon.

Zahlreiche Kabel unter der Erde sorgen dafür, dass du zu Hause telefonieren, fernsehen und ins Internet gehen kannst.

U-BAHNEN UND BAHNHÖFE

MIT TEMPO DURCH DIE STADT

In vielen großen Städten gibt es Untergrundbahnen, die U-Bahnen. Sie fahren in etwa 50 bis 100 Metern Tiefe und transportieren jeden Tag unzählige Fahrgäste zur Arbeit, zur Schule, zum Einkaufen, ins Theater oder zum Arzt und wieder nach Hause. Die Bahnen in der Erde sind praktisch, denn sie sind unabhängig vom Wetter und sie entlasten die verstopften Straßen, auf denen sich Fahrradfahrer, Busse, Lastwagen und Autos drängeln. Die U-Bahn muss ihr Schienennetz mit niemandem teilen und kommt deswegen meist zügig voran.

AB NACH UNTEN

Die tiefste U-Bahn-Station ist in Kiew, Ukraine. Zum Bahnsteig der Haltestelle Arsenalna in 105,5 Meter Tiefe kommst du nur mit einer Rolltreppe. Sechs Minuten dauert die „Fahrt" bis nach unten.

LOCH ODER TUNNEL

Wie eine U-Bahn gebaut wird, hängt davon ab, wie viel Platz vorhanden ist. Stehen keine Häuser oder Gebäude dort, wo die Bahn später entlangfahren soll, können die Arbeiter mit Baggern eine Grube graben. Sie wird seitlich abgestützt, damit sie nicht einstürzt. Wenn der Bauabschnitt mit Tunnelröhre, Gleisen und allem Drum und Dran fertig ist, schüttet man das Loch wieder zu.

Mit einer gewaltigen Tunnelbohrmaschine wird eine Röhre für die U-Bahn geschaffen.

UNTER HAUS UND FLUSS

In vielen Städten ist eine offene Bauweise nicht überall möglich, da die zukünftige Strecke längst mit Häusern bebaut ist. Manchmal sind auch ein Fluss oder bedeutende Denkmäler im Weg. Dann wird der Tunnel unterirdisch mit einer Tunnelbohrmaschine gegraben. Sie frisst sich durch den Untergrund der Stadt – durch Erde, Sand und Gestein – und schafft pro Tag ein paar Meter. Hinter dem riesigen Bohrer, der so groß ist wie der Tunnel selbst, werden Betonelemente montiert, die zusammen die Tunnelröhre bilden.

ERST DIE SCHIENEN, DANN DIE BAHN

Zunächst ist die Tunnelröhre noch leer. Damit dort später die U-Bahn fahren kann, müssen erst Schienen und Unmengen an Kabeln und Leitungen verlegt werden. Sie sorgen später für den Strom, mit dem der Zug fährt und mit dem die Signale funktionieren. Dann fehlen noch die Tunnelbeleuchtung sowie Warn- und Hinweisschilder und erst dann kann der Zug die neue Strecke benutzen.

BAHNHÖFE WIE KUNSTWERKE

Manche Bahnhöfe sind sehr kunstvoll gestaltet. Die prächtigsten Stationen soll es bei der Moskauer Untergrundbahn, der Metro geben. Besonders sehenswert sind dort die Bahnhöfe Mayakovskaya und Komsomolskaya.

UNTERIRDISCHE EINKAUFSMEILEN

HELL ERLEUCHTET

Neben den U-Bahnen gibt es in vielen Städten auch unterirdische Läden und Restaurants. Oft sind sie direkt mit den Bahnstationen verbunden, sodass die Fahrgäste auf dem Weg nach Hause oder zur Arbeit dort noch ein Brötchen oder ihr Abendessen einkaufen können. In einigen Städten sind diese Ladenstraßen mit U-Bahn-Anschluss inzwischen so weit verzweigt und riesig, dass sie wie eine eigene kleine Stadt wirken.

In der Einkaufsstadt „Path" gibt es viele Wegpläne, damit die Besucher sich zurechtfinden.

SCHUHE, SCHOKOLADE, SCHWIMMEN

Die größte unterirdische Einkaufsstadt liegt unter Toronto in Kanada. Sie heißt Path, also Pfad, und ist mit vielen Wegmarkierungen versehen, damit sich die Besucher zurechtfinden. Das ist auch nötig, denn die Gänge sind insgesamt 30 Kilometer lang und haben es damit ins Guinness-Buch der Rekorde geschafft. In den 1200 Läden und Restaurants bekommst du alles: Kleidung, Lebensmittel, Elektroartikel und Bücher. Auch in Helsinki, Finnland, ist unter der Erde viel los. Dort gibt es ein großes Schwimmbad und ein Eishockeystadion für die sportbegeisterten Finnen. Außerdem mehrere Kinos, eine kilometerlange Einkaufsstraße, ein Museum für Moderne Kunst und sogar eine Kirche. Sie hat wegen ihrer besonderen Lage jedoch keinen Kirchturm.

Ein Teil der unterirdischen Stadt von Helsinki

Die unterirdische Kirche in Helsinki

UNTEN IM FLUGHAFEN

GEPÄCK AUF REISEN

Bist du schon einmal mit dem Flugzeug verreist? Dann hast du dich vielleicht auch gefragt, welchen Weg dein Koffer nimmt, nachdem du ihn am Flughafenschalter abgegeben hast. Er verschwindet in einer Luke oder hinter einer Schwingtür – und dann? Dann beginnt seine kilometerlange Reise durch den unterirdischen Teil des Flughafens.

AB IN DIE WANNE

Jedes Gepäckstück bekommt am Schalter eine Papierschlaufe mit allen wichtigen Daten und einem Strichcode. Er wird automatisch gelesen und dein Gepäckstück dann an die Gepäckförderanlage übergeben. Sie zieht sich in mehreren Etagen und mit vielen Kurven und Abzweigungen durch den Bauch des Flughafens. Dein Koffer oder Rucksack fährt in einer Plastikwanne vom Check-in bis zur Verladestation. Unterwegs wird immer wieder der Strichcode eingelesen und so kommt das Gepäck trotz der vielen Gabelungen an der richtigen Station an. Dort laden ihn Arbeiter in Container um, die zum Flugzeug gefahren werden.

WAS DIE PAPIERSCHLAUFE VERRÄT

Auf der Banderole, die am Koffer befestigt wird, stehen unter anderem die Flugnummer, das Reiseziel, der Name des Passagiers, seine Sitzplatznummer und mögliche Umstiege.

TIERE UNTER DER ERDE

ERDBEWOHNER

Tiere, die unter der Erde leben, sind etwas geheimnisvoll. Manche von ihnen bekommst du nur selten zu Gesicht, weil sie unterwegs sind, wenn du schläfst. Bist du wach, haben sie sich dagegen längst in ihren Bau oder ihre Höhle zurückgezogen und ruhen sich aus. Unter den „Erdbewohnern" findest du Säugetiere, Würmer, aber auch Insekten. Einige Tiere wie der Maulwurf verbringen ihr ganzes Leben unterirdisch, andere wohnen zwar dort und ziehen ihre Jungen auf, gehen zur Nahrungssuche aber an die Oberfläche. Zu ihnen gehören Fuchs und Kaninchen.

EIN BESONDERER LEBENSRAUM

Der Erdboden kann fest oder locker, steinig, sandig oder lehmig sein. In jedem Fall ist es in der Erde aber immer dunkel und oft auch eng. Jede Höhle, jede Grube, jeder Tunnel und jeder Gang muss erst mühsam gegraben werden. Das ist Schwerstarbeit und gelingt nur, weil die Tiere, die dort leben, spezielle Fähigkeiten und Eigenschaften haben. Sie können sich beispielsweise gut in der Dunkelheit orientieren und ausdauernd graben. Diejenigen, die das nicht so gut beherrschen, müssen deshalb nicht auf einen Bau oder eine Höhle verzichten. Sie suchen sich einfach eine fertige Behausung, aus der die früheren Bewohner ausgezogen sind.

DER REGENWURM

NUR BEI REGEN ZU SEHEN

Bestimmt hast du schon einmal einen Regenwurm gesehen. Er lebt in der Erde oder im Komposthaufen und kommt tagsüber nicht freiwillig an die Erdoberfläche. Dort ist es ihm in der Regel zu warm und zu trocken und das verträgt er nicht gut. Wenn es im Sommer allerdings stark regnet, fliehen die Regenwürmer aus ihren überfluteten Gängen. Dort bekommen sie dann keine Luft mehr, denn sie atmen über die Haut.

BLIND, TAUB UND SEHR NÜTZLICH

Regenwürmer können nur hell und dunkel unterscheiden und haben keine Ohren. Dafür sind sie super Taster und können über ihre Tastsinnzellen auf der Haut viele Veränderungen im Boden wahrnehmen. Sie bewegen sich kriechend vorwärts, indem sie ihren Körper, der bis zu 30 Zentimeter lang werden kann, abwechselnd zusammenziehen und wieder ausdehnen. Sie graben Gänge, die bis zu 20 Meter lang und zwei Meter tief sind. Das ist auch tief genug, um dort im Winter zu ruhen, ohne zu erfrieren. In der Nacht kriechen Regenwürmer an die Erdoberfläche und suchen dort nach vermoderten Pflanzenteilen und Blättern. Diese ziehen sie in die Erde, fressen sie und düngen mit ihrem Kot den Boden. Gärtner mögen Regenwürmer, weil sie den Boden wunderbar auflockern.

DER MAULWURF

GÄNGE IM RASEN

Mitten aus dem Rasen wächst plötzlich ein Erdhügel empor. Immer mehr dunkler Boden gelangt an die Oberfläche und bildet dort einen krümeligen Haufen. Klarer Fall: Dort unten gräbt ein Maulwurf einen neuen Gang. Mit seinen großen Grabschaufeln lockert er die Erde und schiebt sie vor sich her bis an die Oberfläche. Raus damit! Den Platz unten braucht er, um auf der Jagd nach Käfern und Regenwürmern in seinen Gängen schnell hin- und herzulaufen.

ZWEI ZIMMER UND VIELE RÖHREN

Der Maulwurf ist ein sehr fleißiger Ganggräber und schafft sechs Meter pro Stunde, wenn der Boden nicht allzu hart ist. Die Röhren liegen im Sommer bis zu 30 Zentimeter tief in der Erde – im Winter gräbt er sich weiter nach unten. Zusätzlich zu den vielen Gängen gräbt er zwei Höhlen. Eine ist zum Wohnen und zum Schlafen, die andere dient ihm als Vorratskammer. Dort hebt er Regenwürmer auf, die er gefangen hat. Die Würmer leben noch, können aber nicht mehr fortkriechen, nachdem er sie in den Kopf gebissen hat. So bleibt seine Nahrung schön frisch.

GUT GEPOLSTERTES NEST

Weibchen legen zusätzlich zu den beiden Höhlen eine dritte an, in der sie die Jungtiere aufziehen. Sie ist besonders weich ausgepolstert.

BITTE EINEN ERWACHSENEN UM HILFE!

ACTIVITY

BACKE EINEN MAULWURFSHÜGEL-KUCHEN

Dieser Kuchen sieht aus wie ein frisch aufgeschütteter Maulwurfshügel.

DIE ZUTATEN:

- 100 g Margarine
- 120 g Zucker
- 2 Eier
- 150 g Mehl
- 1 TL Backpulver
- 30 g Backkakao
- 1 Prise Salz
- 75 ml Milch
- 500 ml Schlagsahne
- 2 Päckchen Sahnesteif
- 1 Päckchen Vanillezucker
- 60 g Schoko-Flocken
- 3 Bananen oder anderes weiches Obst zum Füllen

DIE ZUBEREITUNG:

1. Die Margarine und den Zucker mit den Quirlen des Handrührgerätes schaumig schlagen. Nacheinander die beiden Eier unterrühren.
2. Mische das Mehl mit dem Backpulver und dem Kakao und gib auch das Salz hinzu. Rühre dann die Milch unter den Teig.
3. Heize den Backofen auf 180 Grad Celsius (Ober- und Unterhitze) vor. Fette eine Springform gründlich ein. Fülle den Teig ein und lass ihn für ungefähr 30 Minuten backen. Prüfe mit einem Holzstäbchen, ob der Kuchen durchgebacken ist. Wenn kein Teig mehr am Hölzchen hängen bleibt, nimmst du den Kuchen aus dem Ofen.
4. Lass den Teig vollständig auskühlen. Höhle ihn dann in der Mitte vorsichtig aus. Achte darauf, dass ein Rand stehen bleibt und der Boden nicht beschädigt wird.
5. Die Kuchenmasse aus der Mitte zerkrümelst du in einer Schüssel für später.
6. Schneide die Bananen in Scheiben und belege mit ihnen die Vertiefung im Kuchen.
7. Schlage die Schlagsahne zusammen mit dem Vanillezucker und dem Sahnesteif fest, ziehe die Schoko-Flocken unter und fülle die Masse kuppelförmig auf den Kuchen.
8. Bestreue den Sahneberg mit den Kuchenkrümeln und stelle ihn für zwei Stunden in den Kühlschrank.

DER DACHS

LEBEN IM CLAN

Der Dachs ist ein eifriger Gräber. Mit seinen kräftigen, nach unten gebogenen Krallen ist es für ihn ein Leichtes, Höhlen und Gänge zu graben. Seinen Bau gräbt er immer selbst und dieser wird häufig mehrmals erweitert. Ein Dachsbau ist in mehreren Stockwerken angelegt. Die Wohnkessel liegen bis zu fünf Meter unter der Erde und sind über mehrere Eingänge zu erreichen. Sie werden mit Laub und Blättern ausgepolstert. Dachse leben zusammen mit anderen Familienmitgliedern im Bau. Zur Familie gehören das Elternpaar und ihr Nachwuchs. Bis zu zehn Tiere können einen Bau bevölkern. Die Jungtiere wandern nur ab, wenn es in dem Gebiet nicht mehr genügend Nahrung für alle gibt.

IMMER DER NASE NACH

In der Dämmerung kommt der Dachs aus seinem Bau heraus. Dort wird erst einmal geschnuppert, ob die Gegend sicher ist. Erst dann macht er sich auf den Weg durch sein Revier, nicht ohne zwischendurch immer wieder zu schnüffeln, ob nicht doch ein Feind in der Nähe ist. Dachse können sehr gut riechen, dafür sehen sie schlecht. Bis zum Morgengrauen streifen sie auf der Suche nach Nahrung umher. Sie sind nicht wählerisch und fressen so ziemlich alles: Obst, Pilze, Würmer, Schnecken, Mäuse, Insekten und Vogeleier.

DER FUCHS

NACHTS AUF DER PIRSCH

Rotfüchse sind sehr schlau und anpassungsfähig. Sie kommen im Wald genauso gut zurecht wie in der Stadt, wo du sie vielleicht sogar im Park beobachten kannst. Tagsüber verstecken sie sich gerne im Unterholz oder im Gebüsch. Wenn es dämmerig wird, gehen sie auf die Pirsch und suchen nach Futter. Sie jagen Mäuse, nehmen aber auch mit Beeren, Früchten, Schnecken und Regenwürmern vorlieb. Wenn sich die Gelegenheit bietet, stibitzen sie gerne mal ein Huhn oder eine Gans.

WOHNEN ZUR UNTERMIETE

Zum Schlafen und zur Aufzucht der Jungen ziehen sich Rotfüchse in ihren Bau zurück. Diesen haben sie häufig gar nicht selbst gegraben, sondern ein Dachs. Den stören die Untermieter meist nicht, wenn der Bau groß genug ist. Zu einem Fuchsbau gehören eine Hauptröhre, eine Wohn- und eine Wurfhöhle sowie viele Ausgänge. Durch die kann der Fuchs bei Gefahr fliehen, zum Beispiel wenn ihn der Hund des Försters oder eines Spaziergängers aufgestöbert hat. Der Bau kann mehrere Meter weit in die Erde reichen und ein Gangsystem von rund hundert Metern haben.

WER WOHNT HIER?

Den Eingang zu einem Fuchsbau erkennst du an dem Sand, der wie ein Fächer rund um das Loch verteilt ist.

WÜHLMÄUSE

WÜHLEN UND NAGEN

Wühlmäuse graben Tunnel und Wohnhöhlen, ähnlich wie Maulwürfe. Die überschüssige Erde landet ebenfalls auf einem Haufen. Oft werden ihre Hügel mit denen der Maulwürfe verwechselt. Du kannst sie leicht auseinanderhalten, denn der Wühlmaus-Eingang liegt nicht in der Mitte des Hügels, sondern leicht seitlich davon. Während Maulwürfe bevorzugt Jagd auf Würmer machen, nagen Wühlmäuse mit Vorliebe Wurzeln von Blumen, jungen Obstbäumen und -sträuchern und machen auch vor Möhren und Kartoffeln nicht Halt. Gärtner sind auf die Tierchen deshalb nicht gut zu sprechen und versuchen, sie zu vertreiben.

IM NU GANZ VIELE

Wühlmäuse loszuwerden ist nicht einfach, denn sie vermehren sich sehr schnell. Ein Weibchen bringt pro Wurf zwei bis fünf Junge zur Welt. Allerdings kann sie mehrmals im Jahr werfen und so kommen schnell zehn oder sogar 20 Nachkommen pro Jahr zur Welt. Die Jungen gehen schon nach rund drei Wochen selbst auf Futtersuche. Die pelzigen Nagetiere sind das ganze Jahr aktiv. Sie machen keinen Winterschlaf und halten keine Winterruhe. Deshalb sind sie in den warmen Sommermonaten unermüdlich unterwegs, um Futtervorräte für den langen Winter anzulegen, wo sie nur wenig Nahrung finden.

WILDKANINCHEN

UNTERIRDISCHE KOLONIEN

Auch Wildkaninchen legen weit verzweigte unterirdische Gänge und Höhlen in lockerem Boden an. Bis zu drei Meter tief reichen sie in die Erde. Im Bau verbringen sie den Tag, ziehen ihre Jungen auf und flüchten bei Gefahr in Nullkommanix hinein. Wildkaninchen sind sehr gesellig. Sie leben zusammen mit anderen Artgenossen in großen Kolonien. Obwohl sie dämmerungsaktiv sind, kannst du sie auch tagsüber beim Fressen beobachten. Sie ernähren sich von Pflanzen wie Gräsern, Kräutern und Blättern.

RASANTE VERMEHRUNG

Wildkaninchen sind sehr fruchtbar. Die Weibchen können pro Jahr bis zu sieben Würfe mit bis zu acht Jungen haben. Das ergibt 56 Jungtiere in nur einem Jahr! Diese rasante Vermehrung hat sie in Australien zu einer echten Plage werden lassen, da sie dort keine natürlichen Feinde haben.

FELDHAMSTER

EIFRIGER SAMMLER

Der Feldhamster ist den Sommer über schwer beschäftigt: mit Hamstern. Das heißt, er sammelt oberirdisch Körner, Samen und Feldfrüchte, füllt seine beiden Backentaschen, die sogenannten Hamsterbacken, damit und bringt seine Beute unter die Erde in seine Vorratskammer. Dort spuckt er alles aus und kehrt zum Weitersammeln nach oben zurück.

MIT SCHWUNG ABWÄRTS

Hamster sind Einzelgänger und leben alleine in ihrem Bau, der etwa zwei Meter unter der Erde liegt. Ein Gang führt hinab in eine gut ausgepolsterte Wohnhöhle. Zum Bau gehören außerdem die Vorratskammer, der Kotplatz und einige steil nach oben verlaufende Fluchtgänge. Ist er draußen in Gefahr, rennt er zu einer dieser Röhren und lässt sich nach unten in Sicherheit fallen. Zu seinen Feinden zählen Greifvögel und Marder. Auch sonst hat er es nicht leicht, denn die Felder werden immer früher abgeerntet und dadurch fehlt ihm die Deckung bei der Futtersuche. Oft hilft dann nur noch umziehen und unter einem anderen Feld einen neuen Bau graben.

SCHLAF-MÜTZEN

Feldhamster halten von Oktober bis April Winterschlaf. In dieser Zeit wachen sie ab und zu auf und fressen etwas. Sie sind deshalb darauf angewiesen, rechtzeitig Vorräte anzulegen.

AMEISEN

DAS GROSSE KRABBELN

Im Wald sieht man manchmal kegelförmige Gebilde, die mit Maschendraht eingezäunt sind. Was ist das? Gehe näher heran und du wirst es erkennen: Es ist der Ameisenhaufen der Roten Waldameise. Tausende von Ameisen wimmeln dort und in der Umgebung herum und arbeiten fleißig an dem Hügel. Sie schleppen Nadeln, kleine Holzstückchen und Zweiglein und schichten immer mehr Material aufeinander. Auf diese Art entstehen Hügel, die einen Durchmesser von fünf Metern und eine Höhe von zwei Metern erreichen können.

MILLIONEN BAUMEISTER

In einem großen Ameisenhügel können 200.000 bis zwei Millionen Waldameisen leben. Jede Ameise hat eine bestimmte Aufgabe. So gibt es welche, die sich um die Brut kümmern, andere bewachen die Eingänge oder halten den gigantischen Bau sauber. Das ist gar nicht so einfach, denn innen im Hügel gibt es zahlreiche Kammern und Gänge, die untereinander verbunden und weit verzweigt sind. In den Räumen werden Eier abgelegt, der Nachwuchs herangezogen oder Vorräte gelagert. Unterirdisch setzt sich der Hügel fort und ist dort mindestens genauso groß wie an der Erdoberfläche. Dorthin ziehen sich die Ameisen zum Überwintern zurück.

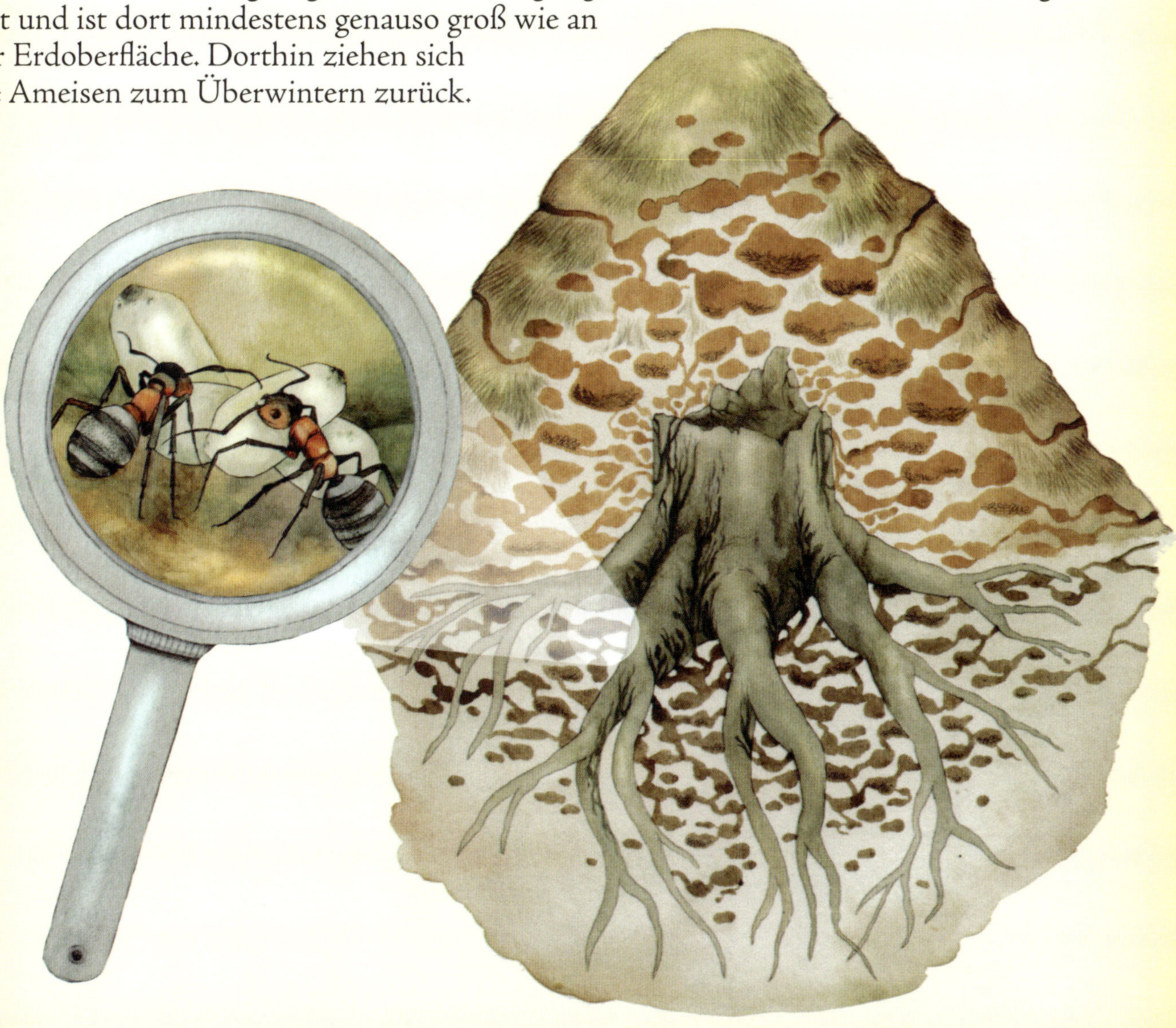

ERDHUMMELN

PUMMEL-BRUMMEN

Hummeln wirken irgendwie gemütlich mit ihrem flauschigen Pelz und dem tiefen Gebrummel, das zu hören ist, wenn sie fliegen. Es gibt ungefähr 40 verschiedene Hummelarten in Deutschland, unter ihnen die Erdhummel. Sie lebt unterirdisch und wählt sich für ihr Nest häufig eine verlassene Mäuse- oder Maulwurfshöhle.
Das ist praktisch, denn dadurch muss sie nicht viel selbst graben, sondern die neue Behausung nur noch einrichten. Bis zu 600 Hummeln können in solch einem Nest Platz finden.

DUNKEL ODER HELL?

Es gibt Dunkle und Helle Erdhummeln. Du erkennst sie an ihrer schwarzen Farbe und den beiden gelben Querstreifen. Das Hinterteil ist weiß. Helle Erdhummeln sind insgesamt etwas heller gefärbt als die dunkle Art.

IM HUMMELNEST

Im Nest befinden sich viele kleine tonnenförmige Behälter aus Wachs, die von der Königin geformt wurden, um Nektar darin zu sammeln oder Eier abzulegen.
Sie bilden die Grundlage für den neuen Hummelstaat. Aus den Eiern schlüpfen Larven und werden zu Arbeiterinnen, die sich um den weiteren Nachwuchs der Königin kümmern.
Im Herbst stirbt das Hummelvolk, nur ein paar Jungköniginnen überwintern und gründen im nächsten Jahr einen neuen Staat.

FLEDERMÄUSE

KOPFÜBER

Fledermäuse lieben Höhlen und dunkle Dachböden. Im Sommer schlafen sie dort tagsüber kopfunter mit zusammengeklappten Flügeln. Erst nach Sonnenuntergang verlassen sie ihr Versteck und machen Jagd auf Insekten. Bevor es draußen richtig dunkel ist, kannst du sie am Himmel oder in der Nähe von Straßenlaternen sehen. Sie fliegen sehr schnell und lautlos und sind ausgezeichnete Jäger. Auf ihrem Speiseplan stehen unter anderem Nachtfalter, Spinnen und Stechmücken. Bis zu 4000 Mücken kann eine einzige Fledermaus in einer Nacht verspeisen. Wie angenehm, wenn man sie zum Nachbarn hat!

WINTERSCHLAF

Von November bis in den Februar halten die Fledertiere Winterschlaf. Dabei werden alle Körperfunktionen stark reduziert und die Tiere fressen nichts. Sie dürfen jetzt nicht gestört werden, weil sie das zu viel Kraft kosten würde. Einige Höhlen sind deshalb in dieser Zeit für Besucher gesperrt.

HALLO ECHO

Ihre Beute orten alle Fledermausarten mit Ultraschall. Das kannst du dir ähnlich vorstellen wie ein Echo: Die Fledermaus sendet Töne aus. Diese prallen von Wänden, Hindernissen oder auch Beutetieren ab und schon weiß die Fledermaus, wo die Mücke oder der Nachtfalter fliegen. Für das menschliche Ohr sind die Töne der Fledermaus nicht zu hören.

PFLANZEN

KÖPFCHEN IN DIE HÖH', FÜSSCHEN FEST IM BODEN

Pflanzen sind erstaunliche „Wesen". Sie entwickeln sich aus einem Samen, das ist ein kleiner Kern. In ihm sind bereits alle Merkmale der späteren Pflanze angelegt. Außerdem befinden sich in ihm Nährstoffe, damit die Pflanze ihre ersten Entwicklungsschritte machen kann. Viele Samen keimen in der Erde. So nennt man es, wenn der Samen aufplatzt und aus ihm die ersten Blätter nach oben ans Licht wachsen. Sie heißen Keimblätter. Noch vor den Keimblättern und den ersten richtigen Blättern der Pflanze bilden sich die Wurzeln. Blätter und Stängel wachsen nach oben, die Wurzeln nach unten.

OBEN UND UNTEN

Woher weiß die Pflanze, wo oben und wo unten ist? Das erkennt sie an der Schwerkraft, die überall auf der Erde herrscht. Die Schwerkraft kann die Pflanze mit ihren Wurzelspitzen „fühlen" und dann weiß sie, in welche Richtung diese wachsen müssen. Das Grüne, also die Stängel und Blätter, wachsen dann einfach in die entgegengesetzte Richtung.

WURZELN

Die Wurzel sorgt dafür, dass die Pflanze fest im Boden verankert ist. Außerdem versorgt sie die Pflanze mit Wasser und Mineralstoffen. Wurzeln können sehr tief in die Erde reichen oder sich flach ausbreiten.

MIT WURZELN AN NÄHRSTOFFE KOMMEN

Wenn du einen Samen keimen lässt, bildet sich zuerst die Keimwurzel. Ohne sie könnte sich die Pflanze nicht aufrichten. Sie wächst in die Länge und wenn du genau hinschaust, siehst du an ihrer Wurzelspitze viele feine Härchen. Das sind die Wurzelhaare, mit denen die Pflanze Wasser und Nährstoffe aufnehmen kann. Mit der Zeit verzweigen sich Wurzeln und jede von ihnen sieht anders aus.

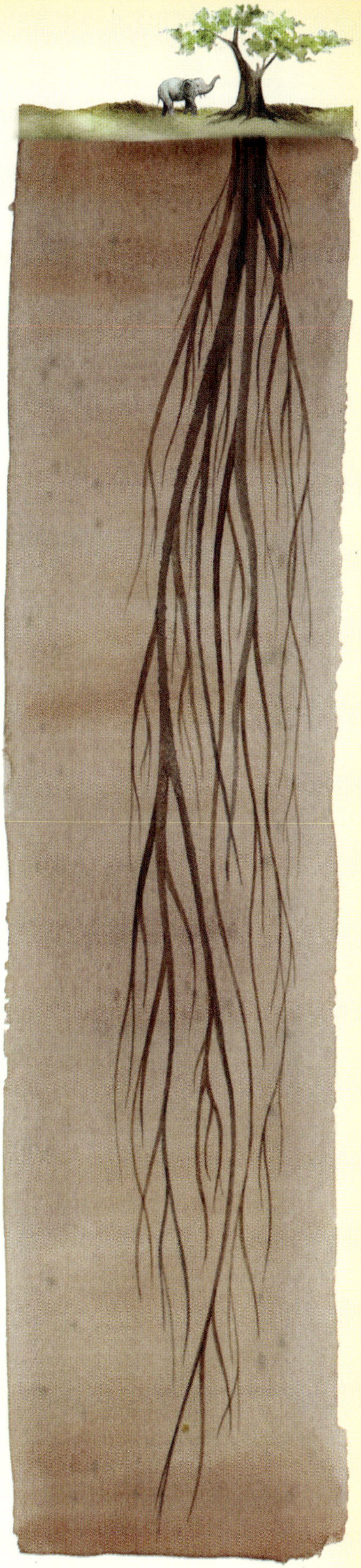

WIE TIEF KÖNNEN WURZELN REICHEN?

Pflanzen können ganz unterschiedliche Wurzeln haben. Einige wachsen auf geradem Weg in die Tiefe. Sie heißen Pfahlwurzeln und können sehr weit in den Boden reichen. Die längste bisher gemessene Wurzel dieser Art hat ein Feigenbaum in Südafrika. Sie reicht beeindruckende 120 Meter tief in die Erde! Erst dort gibt es genügend Wasser, um den Baum zu versorgen. In sehr warmen, trockenen Gegenden bilden viele Pflanzen deshalb tiefe Wurzeln aus.

Dort, wo sich Wasser und Nährstoffe dicht unter der Oberfläche befinden, ist das nicht nötig. Viele Bäume wie Fichten sind deshalb Flachwurzler. Ihre Wurzeln verlaufen dicht unter der Erde oder sogar oberirdisch und breiten sich rund um den Baum aus. Bei einem starken Sturm kommt es vor, dass der Baum samt Wurzeln aus der Erde gehebelt wird.

LECKER AUF DEN TISCH

ESSBARE WURZELN

Karotten oder Möhren werden auch Gelbe Rüben und Wurzeln genannt. Und genau das sind sie auch: Wurzeln, die du essen kannst. Viele Pflanzen haben essbare Wurzeln, manche kannst du roh essen, andere müssen gekocht werden, damit sie gut schmecken. Da sie im Boden wachsen, werden sie vor der Zubereitung gut geputzt oder geschält, damit dir beim Essen später keine Erde zwischen den Zähnen knirscht.

WOZU BRAUCHT DIE PFLANZE DICKE WURZELN?

Wenn du eine beliebige Pflanze aus dem Boden ziehst, hat sie vielleicht nur lange und dünne Wurzeln. Eine verdickte, fleischig wirkende Wurzel bilden einige Arten, um darin Nährstoffe für schlechte Zeiten zu speichern. Wird es zum Beispiel sehr trocken und heiß oder plötzlich sehr kalt, kann die Pflanze mithilfe der gespeicherten Nährstoffe überleben. Diese Nährstoffe sind es auch, die diese Wurzeln für uns so wertvoll in der Küche machen.

WURZELGEMÜSE

Unter diesem Namen werden die Gemüsesorten zusammengefasst, die unterirdisch im Boden heranwachsen. Dazu zählen zum Beispiel Möhren, Pastinaken, Rote Bete, Steckrüben, Schwarzwurzeln, Süßkartoffeln, Petersilienwurzeln, Rettich, Radieschen, Topinambur und die Sellerieknolle.

STEINZEITWURZELN

Wurzeln wurden schon in der Steinzeit gegessen. Sie zählen damit zu den ältesten Lebensmitteln der Menschen. Allerdings gab es damals noch keine leuchtend orangen Karotten oder lila Kartoffeln und von prallen Radieschen war auch noch keine Rede. Die Wurzeln damals waren dünn und eher farblos. Sie waren deshalb auch noch nicht so nährstoff- und vitaminreich wie das Wurzelgemüse heute. Erst im Mittelalter begann man, die Gemüsesorten „dicker" zu züchten, und später kamen neue Sorten und die kräftigen Farben hinzu.

MÄCHTIG GESUND UND EXTREM VIELSEITIG

In Wurzelgemüse stecken viele wichtige Inhaltsstoffe wie Ballaststoffe, Vitamine und Mineralien. Aus Karotten kann der Mensch zum Beispiel das wichtige Vitamin A gewinnen und in ihnen steckt auch viel Vitamin E.
In Steckrüben, Rettich und Radieschen ist viel Vitamin C enthalten. Pastinaken sind reich an Mineralstoffen wie Kalium, Calcium, Eisen und Zink. Ähnlich sieht es bei Roter Bete aus, die zusätzlich noch viel Folsäure enthält. Schwarzwurzeln und Topinambur sind sehr ballaststoffreich und machen dadurch lange satt. Aus Wurzelgemüse lässt sich fast alles zubereiten. Du kannst es braten, kochen, backen, pürieren oder roh im Salat essen.

ERNTE DEIN EIGENES GEMÜSE

Wenn deine Eltern oder Großeltern einen eigenen Garten haben, bitte sie um ein kleines Fleckchen für ein Beet. Dort kannst du deine eigenen Wurzeln ziehen. Am leichtesten gelingen Karotten und Radieschen. Ohne eigenen Garten nimmst du einfach einen großen Kübel oder eine Kiste und säst die Samen dort aus. Diese bekommst du im Gartenfachgeschäft oder in der Gartenabteilung im Baumarkt.

AB INS BEET

Lockere die Erde auf und ziehe Rillen hinein, die etwa einen Zentimeter tief sind. Lege die Samen im richtigen Abstand in die Rille (steht auf der Packung) und bedecke sie anschließend mit Erde. Nun gießt du regelmäßig und schon bald zeigt sich das erste Grün. Nach rund sechs Wochen kannst du Radieschen ernten, die Möhren brauchen etwa doppelt so lange.

KISTENGEMÜSE

Säst du in einer Gemüsekiste aus, schlage diese mit Papier aus, bevor du die Erde einfüllst. Stich in den Boden ein paar Löcher, damit überschüssiges Wasser abfließen kann. Auch ein Pflanzkübel braucht Bodenlöcher für den Wasserabzug. Die Aussaat und Pflege ist dann wie im Beet.

TIPP

Möhren brauchen viel Platz, damit sie schön lang werden. Wenn du sie nicht ins Beet, sondern in einen Topf säst, sollte dieser sehr hoch sein.

PILZE

NICHT TIER, NICHT PFLANZE

Pilze gehören weder zu den Pflanzen noch zu den Tieren. Sie bilden eine eigene Gruppe von Organismen mit ganz besonderen Eigenschaften. Einige Pilze wie den giftigen Fliegenpilz oder den leckeren Champignon kennst du vielleicht, andere hast du bestimmt schon mal im Herbst gesehen, wenn sie nach einigen regnerischen Tagen in Massen aus dem Boden schießen. Das, was du dann vom Pilz siehst, ist aber nur ein kleiner Teil, der sogenannte Fruchtkörper. Der größte Teil des Pilzes wächst unsichtbar im Boden. Es ist ein langes, fadenförmiges Geflecht, das Myzel genannt wird. Es kann sich über weite Strecken ausbreiten.

Ein Fliegenpilz

Die weißen Fäden sind das Myzel der Champignons.

HALLIMASCH

Das größte Lebewesen der Welt ist ein Pilz, der Hallimasch. In den USA wurden Exemplare entdeckt, die sich unterirdisch über viele Hundert Hektar ausgebreitet haben und mehrere Tonnen wogen. Ein Hektar entspricht der Größe von 1,4 Fußballfeldern, ein Kleinwagen wiegt eine Tonne.

WAS ESSEN PILZE?

Pilze ernähren sich von abgestorbenen Pflanzen, toten Tieren und Holz. Für den Wald sind sie sehr wichtig, da sie totes Material zersetzen und in nährstoffreiche Erde verwandeln. Pilze sind sozusagen die Putztruppe des Waldes.

KRIEG DER PFLANZEN

Walnussbäume geben über ihre Blätter und Wurzeln einen Stoff ab, der das Wachstum anderer Pflanzen unterdrückt. So steht er allein und muss keine Nährstoffe teilen.

IMMER FRIEDLICH? VON WEGEN!

Pflanzen wirken friedlich, doch dieser Eindruck täuscht. Zwar stürzen sie sich nicht mit Gebrüll auf ihre Feinde und haben auch offensichtlich keine Reißzähne und Klauen. Mittel zur Verteidigung und Verdrängung von Konkurrenten besitzen sie aber sehr wohl. Direkt sehen kannst du das nicht, denn die meisten Kämpfe werden unterirdisch ausgefochten.

DAS IST MEIN PLATZ!

Jede Pflanze benötigt Wasser, Sauerstoff und Nährstoffe zum Leben. Wachsen viele Pflanzen sehr dicht aufeinander, nehmen sie sich gegenseitig Licht und Luft weg und die Nährstoffe können knapp werden. Dann ist es gut, wenn man Strategien besitzt, die anderen auf Abstand zu halten. Und genau das können einige Pflanzen. Über die Wurzeln geben sie chemische Stoffe an den Boden ab. Diese verhindern dann zum Beispiel, dass Samen anderer Pflanzen dort keimen können.
Sie hemmen das Wachstum der Nachbarn oder vergiften den Boden derart, dass dort außer ihnen nichts anderes mehr wachsen kann.

Kopfsalat und Sellerie wachsen nicht in der Nähe des anderen.

SCHLECHTE NACHBARN

Gärtner kennen diese „Feindschaften" unter Pflanzen. Sie wissen, dass Kopfsalat nicht neben Sellerie wächst und Kartoffeln nicht neben Tomaten gedeihen. Unter dem Walnussbaum wächst überhaupt nichts – nur Gras.

GEMEINSAM STARK

WOOD WIDE WEB

Während sich einige Pflanzen untereinander nicht „grün“ sind, vertragen sich andere prächtig und unterstützen sich in ihrer Entwicklung. Sie gehen Gemeinschaften ein, tauschen Nährstoffe aus und helfen sich untereinander, wenn Feinde im Anmarsch sind. Wie über eine unterirdische Telefonverbindung „sprechen“ sie über ihre Wurzeln und das riesige Myzelgeflecht im Boden miteinander. Wissenschaftler nennen diese unterirdische Vernetzung bereits das „Wood Wide Web“, also das waldweite Netz in Anlehnung an das World Wide Web, das Internet.

ALARM!

Pflanzen warnen sich auch gegenseitig. Werden Tomaten verletzt, sondern sie einen Stoff ab, der die benachbarten Tomatenpflanzen alarmiert und zu Gegenmaßnahmen veranlasst.

MEIN FREUND, DER PILZ

Einige Bäume leben in Gemeinschaft mit Pilzen. Der Pilz legt sein Geflecht eng um die Wurzeln des Baumes und versorgt ihn so mit Nährstoffen und Wasser. Im Gegenzug erhält der Pilz Stoffe, die er selbst nicht herstellen kann, wie zum Beispiel Zucker und Stärke. Einige Pilzarten kannst du deshalb besondere häufig in der Nähe bestimmter Bäume finden. In Birkennähe ist das der Birkenpilz, während der Steinpilz gerne bei Eichen wächst.

BODENSCHÄTZE

SO WERTVOLL WIE EIN SCHATZ

In der Erde lagern eine Menge Materialien, die für uns Menschen sehr wichtig und wertvoll sind, deshalb nennt man sie auch Bodenschätze. Sie dienen als Rohstoffe und werden nach ihrer Förderung verarbeitet. Kohle, Erdöl und Erdgas wird zum Heizen und zur Stromerzeugung genutzt. Aus mineralischen Rohstoffen, vor allem den Metallen, werden viele Gegenstände hergestellt, ohne die du dir ein Leben wahrscheinlich gar nicht vorstellen kannst: Handys, Kochtöpfe, Schmuck, aber auch Autos, Maschinen und Flugzeuge.

Eisen (1), Kupfer (2), Kobalt (3) – das sind nur drei der rund 90 Rohstoffe, die für ein Handy benötigt werden.

SCHWIERIG ZU ERREICHEN

An die meisten Bodenschätze kommt man nicht so leicht heran. Sie liegen zum Teil sehr tief in der Erde und müssen mühsam aus dem Gestein herausgebrochen oder -gesprengt werden. Tiefe Schächte, Gruben und Gänge werden gegraben, um sie zu erreichen. Die Arbeit in den Bergwerken ist oft sehr gefährlich. Heute erleichtern Maschinen die schwere Arbeit, früher wurden Kohle und Erze noch in Handarbeit abgebaut.

DAS GROSSE LOCH

The Big Hole, also „Das große Loch" wird eines der tiefsten von Menschen gegrabenen Löcher genannt. Es befindet sich in der Stadt Kimberley in Südafrika und ist der Rest einer alten Diamantenmine. 240 Meter geht es vom Rand in die Tiefe und das gegenüberliegende „Ufer" ist 460 Meter entfernt.

The Big Hole ist heute stillgelegt und von Wasser geflutet.

BERG- UND MASCHINEN-MANN/FRAU

KEINE REINE MÄNNERARBEIT

Früher arbeiteten nur Männer im Bergbau. Heute können auch Frauen den Beruf der Berg- und Maschinenfrau erlernen. Zwei Jahre dauert die Ausbildung und einen Großteil dieser Zeit arbeiten die Auszubildenden bereits im Bergwerk – über oder unter Tage.

ÜBER UND UNTER TAGE

Liegen die Bodenschätze recht nah unter der Erdoberfläche, können sie mit Baggern ausgehoben werden. Man sagt, sie liegen „über Tage", und spricht von einem Tagebau. Mit „unter Tage" oder Untertagebau meint man „unter der Erde". Es muss so tief gegraben werden, dass unterirdische Hohlräume mit Schächten und Stollen entstehen.

SCHWERES GERÄT – LEICHTERE ARBEIT

Früher gingen die Männer nur mit Schaufel und Spitzhacke in den Berg, gruben dort Stollen und hievten das Gestein aus der Tiefe mit Seilwinden ans Tageslicht. Heute werden viele Arbeiten mit großen Maschinen erledigt. Deshalb eignet sich der Beruf vor allem für Menschen, die gerne mit Maschinen arbeiten. Davon gibt es im Bergwerk nämlich eine Menge. Mit einer Streckenvortriebsmaschine wird Gestein aus dem Berg gebrochen, um neue Gänge anzulegen. Große Bagger und Kipplaster helfen beim Abtransport des Gesteins. Außerdem sind Förderbänder und Bohrer zu bedienen und in Ordnung zu halten sowie Anlagen, die unter der Erde für gute Luft sorgen.

BRENNSTOFFE: ERDÖL UND ERDGAS

MILLIONEN JAHRE ALT

Erdöl und Erdgas entstanden über viele Millionen Jahre aus den Überresten abgestorbener Pflanzen und toter Tiere. Diese sanken auf den Grund von Gewässern und wurden dort mit der Zeit von Schlamm bedeckt. Immer mehr Sedimente, Sand, Gestein und Schlamm lagerten sich darüber ab. Durch den hohen Druck und mithilfe von Bakterien entstanden daraus das flüssige Erdöl und das gasförmige Erdgas.

BOHREN, BOHREN, BOHREN

Erdöl und Erdgas lagern tief in der Erde und oft muss man sehr tief bohren, bis man auf ein Vorkommen stößt. Das schwere Erdöl wird dann mit großen Pumpen an die Oberfläche gefördert, das Erdgas ist dagegen so leicht, dass es von alleine aus der Quelle nach oben steigt. Viele Erdölfundstellen liegen im Meer, das Erdöl wird hier mit Bohrinseln gefördert. In großen Fabrikanlagen, den Raffinerien, werden die Rohstoffe gereinigt und so aufbereitet, dass aus ihnen viele weitere Produkte hergestellt werden können, zum Beispiel Plastik und Farben.

HEIZEN, FAHREN, KOCHEN

Erdgas und Erdöl werden auch fossile Brennstoffe genannt, weil sie aus natürlichem, ehemals lebendigem Material entstanden sind. Wir können Energie aus ihnen gewinnen, also heizen, kochen und sogar Auto fahren, denn Benzin ist ebenfalls ein Produkt aus Erdöl.

DAS SALZ DER ERDE

WEISSES GOLD

Auch Salz ist ein Mineral. Früher war es sehr kostbar, weil die Menschen es nicht so leicht gewinnen konnten. Daher nannte man es auch „weißes Gold". Verzichten konnte man darauf nicht, denn unser Körper braucht Salz, sonst funktioniert er nicht. Bevor es Kühlschränke gab, wurde es auch dazu benötigt, um Lebensmittel wie Fisch haltbar zu machen. Wenn du schon einmal am Meer warst, weißt du sicher, dass das Wasser dort salzig schmeckt. Von dort stammt auch ein Teil des Salzes, das wir heute verwenden.

SALZ IM BERG

Unterirdische Salzvorkommen gibt es im Flachland und im Gebirge. Auch sie stammen ursprünglich aus einem Meer. Vor Urzeiten verdunstete das Wasser und zurück blieb das Salz, das von Sand und Ton abgedeckt wurde. Millionen Jahre später lag über dem Salz schließlich eine kilometerdicke Erddecke. Weil sich die Erde bewegt, schieben sich immer wieder Gesteinsschichten über- und untereinander, und so verschwand das Salz tief im Berg. Dort liegen riesige Vorkommen, die wie in einem Bergwerk abgebaut werden.

EINEN KLOTZ SALZ, BITTE!

Riesige Salzbrocken werden unter Tage aus dem Fels gesprengt. Bevor du es auf dein Ei streuen kannst, muss es noch zerkleinert, gesiebt, gemahlen und gereinigt werden.

BRAUN- UND STEINKOHLE

SCHWARZES GOLD

Kohle wird manchmal das Schwarze Gold genannt, weil sie für die Industrie als Energielieferant enorm wichtig ist. Mit Kohle wurden die ersten Dampflokomotiven angetrieben, Strom erzeugt und Wohnungen beheizt. Außerdem brauchte man sie für die Herstellung von Stahl. Wie alle anderen Bodenschätze ist auch Kohle nicht in unendlicher Menge vorhanden. Irgendwann werden die Vorkommen erschöpft sein. Deshalb ist es gut, jetzt schon andere Energiequellen zu nutzen.

Braunkohle

WAS IST KOHLE?

Wie Erdöl und Erdgas ist Kohle ein fossiler Brennstoff. Auch sie entstand aus abgestorbenen Lebewesen, in diesem Fall aus Pflanzen. Vor ungefähr 300 Millionen Jahren gab es riesige Sumpfwälder auf der Erde und die Pflanzen, die dort abstarben, versanken im Schlamm. Mit der Zeit bildeten sie eine torfähnliche Schicht, auf der immer wieder neue Pflanzenteile landeten, aber auch jede Menge Sand und Schlamm. Schicht um Schicht kam hinzu und der Druck auf die unteren Ebenen wurde immer größer. Dadurch – und durch die Wärme, die sich dabei bildete – veränderte sich das Material. Aus den abgestorbenen Sumpfwäldern von damals wurde Steinkohle. Viel jünger ist die Braunkohle, die in Deutschland aus der Zeit von vor ungefähr 65 Millionen Jahren stammt.

Steinkohle

BRAUNKOHLE

Braunkohle ist heller als Steinkohle. Weil sie jünger ist, liegt sie dichter unter der Erde und wird meist im Tagebau abgebaut. Liegt das Kohleflöz, so nennt man die dicke Kohleschicht, weniger als 100 Meter unter der Erde, wird der Boden mit gigantischen Schaufelradbaggern abgetragen und die Kohle anschließend ausgegraben. Tagebaugebiete können gewaltige Ausmaße haben und ganze Landstriche zerstören. Manchmal werden komplette Dörfer abgerissen. Die Menschen, die dort leben, werden dann umgesiedelt, damit man an die Kohle unter ihren Häusern kommt.

In einem riesengroßen Tagebau wird Braunkohle abgebaut.

STEINKOHLE

Steinkohle liegt in sehr tiefen Erdschichten und ist dadurch wesentlich fester und härter als Braunkohle. Sie heizt deshalb auch besser. Um sie zu fördern, graben Bergbaugesellschaften tiefe Schächte, von denen jede Menge Tunnel abgehen, die Stollen, in denen die Bergarbeiter mit speziellen Maschinen die Kohle aus dem Flöz schneiden. Steinkohle wird meistens unter Tage gefördert.

WIE ENTSTEHT HOLZKOHLE?

Holzkohle hat mit Braun- und Steinkohle wenig gemeinsam. Sie entsteht, wenn Holz ohne Zufuhr von Sauerstoff „verbrannt“ wird. Der Fachausdruck dafür heißt Verkohlen. Holzkohle benutzt man zum Grillen, weil sie sehr wenig raucht.

IM GOLDRAUSCH

DAS GOLD DER AZTEKEN

Gold ist ein sehr seltenes Edelmetall und deshalb teuer. Es ist schwer, glänzt und funkelt wie die Sonne und wurde in vielen Kulturen, zum Beispiel bei den Azteken, hoch geschätzt. Sie lebten auf dem Gebiet des heutigen Mexikos und besaßen unfassbar große Goldschätze. Das kam auch den Spaniern zu Ohren, die unter Führung des Eroberers Hernan Cortez (1485–1547) im Jahr 1519 an der Küste des Aztekenreiches landeten. Innerhalb von zwei Jahren vernichtete Cortez mit seinen Männern die Kultur der Azteken und ihre Städte, versklavte oder tötete die Bewohner und raubte deren Goldschätze. Das Gold wurde nach Spanien verschifft und dort zu Münzen eingeschmolzen.

Mit dem Eintreffen der Spanier (links) endete die Kultur der Azteken.

GOLD GEWINNEN

Gold lässt sich auf verschiedene Arten gewinnen. Ist das Gold bereits aus dem Gestein gelöst, kann es zum Beispiel in Flüssen durch Auswaschen von Sand und anderen Bestandteilen getrennt werden. Wenn es als Goldader in umliegendes Gestein eingebettet ist, muss das Metall zuerst über oder unter Tage abgebaut werden. Anschließend wird das Gold in mehreren Arbeitsschritten aus dem Gestein gelöst.

GANZ TIEF UNTEN

In Südafrika befindet sich die tiefste Goldmine der Welt – in 4000 Metern Tiefe wird hier Gold abgebaut. Es herrschen Temperaturen von 60 Grad Celsius. Nur durch eine gute Kühlung können Bergmänner dort überhaupt arbeiten.

GOLD? DA MUSS ICH HIN!

Die Nachricht von größeren Goldfunden verbreitete sich immer schnell. So war es auch in Kalifornien, USA, wo der Bericht von Goldfunden Mitte des 19. Jahrhunderts eine regelrechte Völkerwanderung auslöste. Hundertausende machten sich auf den Weg, um dort nach Gold zu schürfen und ebenfalls reich zu werden. Diesem ersten und größten Goldrausch folgten weitere Massenwanderungen, oft in abgelegene, dünn besiedelte Gegenden, von denen vorher kaum jemand gehört hatte.

Hunderttausende Menschen machten sich auf den Weg, um am Fluss Klondike nach Gold zu suchen.

GLÜCKSRITTER AM KLONDIKE

In Alaska am Fluss Klondike wurden 1896 Goldnuggets, das sind kleine Klumpen, gefunden. Ein Jahr später hatte sich die Nachricht vom Goldfund so weit verbreitet, dass sich nicht nur Amerikaner auf den Weg an den Klondike machten, sondern auch Männer aus Europa und Asien. Die Reise war beschwerlich und führte über Flüsse und hohe schneebedeckte Bergpässe. Viele Männer kamen nie am Ziel an. Sie starben unterwegs an Kälte, Hunger, Verletzungen oder Krankheiten. Von denjenigen, die die Goldfelder erreichten, wurde kaum einer reich. Das Gebiet und die besten Schürfplätze, die sogenannten Claims, waren längst verteilt. Wer es geschickt anstellte, konnte trotzdem viel Geld verdienen. Er eröffnete einen Laden oder ein Lokal, in dem die erfolgreichen Goldsucher ihr Gold ausgeben konnten.

ICH GEHE GOLDWASCHEN

Du kannst es den Männern vom Klondike nachmachen und im Fluss nach Gold suchen. Dazu musst du weder nach Kalifornien noch nach Alaska reisen. Auch in Deutschland und Österreich kann man in manchen Flüssen Gold finden. Zwar sind dort keine großen Mengen zu erwarten, Spaß macht die Goldwäscherei aber trotzdem.

MIT SCHAUFEL UND PFANNE

Zum Goldwaschen brauchst du nicht mehr als eine kleine Schaufel und eine Waschpfanne. Mit der Schaufel füllst du Wasser und Sand aus dem Fluss in deine Pfanne und schwenkst sie dicht über der Wasseroberfläche. Die leichteren Bestandteile wie den Sand schwemmst du dabei über den Rand der Pfanne zurück in den Fluss, das schwere Gold bleibt in der Pfanne zurück – wenn du Glück hast und fündig wirst. Dieses Gold kannst du dann behalten. In einigen Regionen werden im Sommer auch Kurse zum Goldwaschen angeboten. Dort kannst du dir dann auch die Werkzeuge ausleihen.

GOLD IN DEUTSCHLAND

Gold wurde zum Beispiel an Rhein, Elbe, Isar und Donau sowie im Harz, Thüringer Wald, Erzgebirge, Schwarzwald, Frankenwald, Fichtelgebirge, Oberpfälzer und im Bayerischen Wald gefunden.

SELTENE ERDEN

METALLE DER ZUKUNFT

Gold, Silber, Kupfer – diese Metalle kennt jeder. Wie sieht es aber mit Cer, Neodym und Ytterbium aus? Hast du von ihnen schon einmal gehört? Sie gehören zusammen mit 14 weiteren Elementen zu den Metallen der Seltenen Erden, haben ähnliche Eigenschaften und glänzen silbrig. Sie sind gar nicht so selten, wie ihr Name vermuten lässt, sie sind aber sehr fein in der Erdkruste verteilt. Deshalb gibt es nur wenige Lagerstätten, wo sich ein Abbau lohnt, weil nur dort die Mengen groß genug sind.

ERST DIE SÄURE, DANN DER SCHLAMM

Seltene Erden zu gewinnen ist sehr aufwendig und die Umwelt wird dabei stark belastet. Zuerst schürfen die Minenarbeiter die Erze aus dem Boden, dann werden diese mit starker Säure oder Lauge behandelt. Dabei entstehen hochgiftige Rückstände, die offen in einem See neben der Mine gelagert werden, dessen Schlamm ebenfalls hochgiftig ist.

RIESIGE NACHFRAGE

Die Seltenen Erden sind heute sehr wichtige Rohstoffe für technische Geräte und Anlagen. Sie stecken in Handys, Windkraftanlagen, Plasmabildschirmen, Akkus und Computer-Festplatten. Da die Nachfrage nach diesen Produkten weiter steigt, ist auch die Nachfrage nach den Metallen sehr groß. Die Hälfte aller weltweit geförderten Seltenen Erden stammt aus riesigen Minen in China.

Ein Tagebau der Seltenen Erden in Californien, USA

IN DER SILBERMINE

EIN EDELMETALL AUS DER TIEFE

Silber ist wie Gold ein Edelmetall, das in der Erde vorkommt. Es lagert häufig in den sogenannten Erzgängen in den oberen Bereichen der Erdkruste. In Deutschland wurde Silber bereits ab dem 12. Jahrhundert abgebaut, da das Metall nicht sehr tief lag. Bedeutende Silberminen gab es damals im Harz, im Erzgebirge und im Schwarzwald. Aber auch in Österreich, Frankreich und Norwegen wurden große Mengen Silber abgebaut. Unter welch schwierigen Bedingungen die Bergleute damals arbeiten mussten, kannst du in Besucherbergwerken, zum Beispiel in St. Andreasberg im Harz oder in der Silbermine Schwaz in Tirol, im Rahmen einer Führung erleben. Helm auf und ab in den Berg!

Eine Besuchergruppe in einer Silbermine

Hier wird das Silber mit Chemikalien von den anderen Bestandteilen getrennt.

FEST VERBUNDEN

Silber ist häufig mit anderen Stoffen in Erzmineralien verbunden und wird mit unterschiedlichen Verfahren aus diesen Silber-, Blei- oder Kupfererzen gewonnen. So werden die Erze zum Beispiel mit Säuren behandelt oder stark erhitzt, damit sich die Bestandteile voneinander trennen lassen.

ALLES AUS SILBER

Das glänzende Metall wird für Schmuck, Münzen und Besteck verwendet. Außerdem ist es auch in elektronischen Geräten wie Handys enthalten, da es Strom sehr gut leitet.

KLASSE KLUNKER: DIAMANTEN

DAS HÄRTESTE MINERAL DER WELT

Diamanten entstanden vor mehreren Hundert Millionen Jahren im oberen Erdmantel, in einer Tiefe von mindestens 150 Kilometern. Dort herrschen Temperaturen von 1200 Grad Celsius und ein sehr starker Druck. Das sind die Voraussetzungen dafür, dass aus einem einzigen Element, dem Kohlenstoff, das härteste Mineral der Welt entsteht: der Diamant.

MAGMA ALS FAHRSTUHL

In der Tiefe, in der die Edelsteine entstanden sind, könnte man sie nicht abbauen. Das geht nur, weil sie bei einem Vulkanausbruch zusammen mit Magma aus dem Erdinneren nach oben befördert wurden. Diamantminen befinden sich deshalb oft dort, wo es alte Vulkanschlote gibt, so zum Beispiel in Kimberley in Südafrika.

Ein ungeschliffener Diamant

GIGANTISCHES LOCH

In Sibirien, in der Stadt Mirny, liegt eine der größten Diamantminen der Welt, die Mir-Mine. Dieses „Loch" ist 1200 Meter breit und über 500 Meter tief. Das ist aber nur der Tagebau, der inzwischen stillgelegt ist. Unter der Erde in 1200 Metern Tiefe werden die kostbaren Steine weiter gefördert. Sie werden aus dem Gestein gelöst, das sie umgibt. Anschließend werden die zunächst noch recht unscheinbaren Steine geschliffen und zu Schmuck verarbeitet oder in der Industrie zum Schneiden und Bohren eingesetzt.

Diamantenmine in Kimberly, Südafrika

AUSGRABUNGEN

DER FUND IM BODEN

Der Erdboden steckt voller Geheimnisse und manchmal kommen einige von ihnen ans Tageslicht – entweder durch Zufall oder durch eine gezielte Suche. Schatzsucher untersuchen mit speziellen Geräten den Boden und hoffen auf einen wertvollen Fund wie zum Beispiel Schmuckstücke aus Gold oder alte Münzen. Archäologen graben im Boden auch nach anderen Dingen. Sie beschäftigen sich mit der „Lehre von den alten Dingen" und interessieren sich für alte Kulturen und deren Hinterlassenschaften. Das können Reste ehemaliger Siedlungen sein, aber auch Knochen, Scherben und Küchenabfälle oder wertvollere Dinge wie Grabbeigaben. Diese Funde geben ihnen wichtige Hinweise darauf, wie die Menschen früher gelebt haben.

LÄNGST AUSGESTORBEN

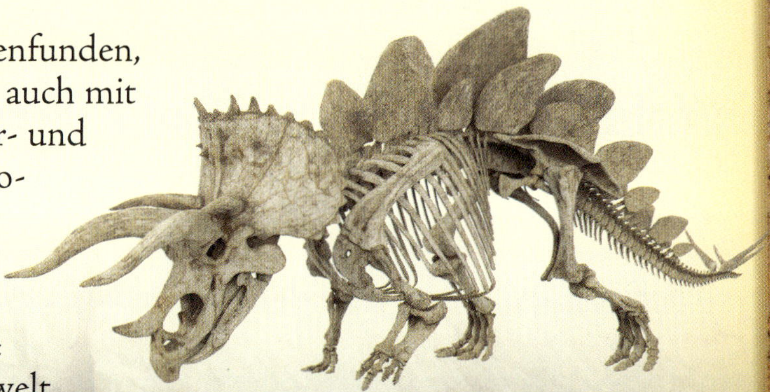

Paläontologen beschäftigen sich mit Knochenfunden, zum Beispiel mit Dinosaurierknochen, aber auch mit anderen Fossilien. Das sind versteinerte Tier- und Pflanzenüberreste. Sie stammen wie die Knochen der Dinosaurier aus einer Zeit, in der es noch keine Menschen gab. Obwohl die Funde oft Millionen von Jahren alt sind, liefern sie den Wissenschaftlern eine Menge Informationen über die Tier- und Pflanzenwelt der damaligen Zeit und über das Klima auf den Erdteilen, die es damals gab.

Hier legt eine Paläontologin ein Dinosaurierskelett frei.

ARCHÄOLOGE/ ARCHÄOLOGIN

LANGE AUSBILDUNG

Willst du Archäologe oder Archäologin werden, musst du gut in der Schule sein, denn du brauchst für den Beruf nicht nur das Abitur, sondern auch ein Studium. Außerdem solltest du dich mit alten Sprachen wie Latein oder Altgriechisch auskennen und dich für Geschichte interessieren.

BEI WIND UND WETTER GRABEN

Archäologen beschäftigen sich mit den sichtbaren Überresten alter Kulturen und Gesellschaften – diese müssen sie aber erst einmal finden. Deshalb unternehmen sie Ausgrabungen an Orten, an denen sie solche Überreste vermuten, oder dort, wo zufällig ein Fund gemacht wurde, dem sie weiter auf den Grund gehen wollen. Sie sind auch bei Regen, Kälte oder Hitze an der Ausgrabungsstelle, manchmal durch eine Zeltplane geschützt. Sie legen Mauerreste frei und dokumentieren sorgfältig ihre Funde.

PUZZLETEILE

Archäologen arbeiten auch viel an ihrem Schreibtisch oder im Labor. Dort reinigen sie Fundstücke, bestimmen sie auf ihr Material, ihr Alter und ihre Herkunft und rekonstruieren sie. Aus einem Haufen Scherben wird so nach einer längeren Puzzlearbeit vielleicht wieder ein erkennbares Gefäß, das genau datiert werden kann. Ist das wiederhergestellte Stück besonders schön oder wertvoll, wird es manchmal sogar in einem Museum ausgestellt.

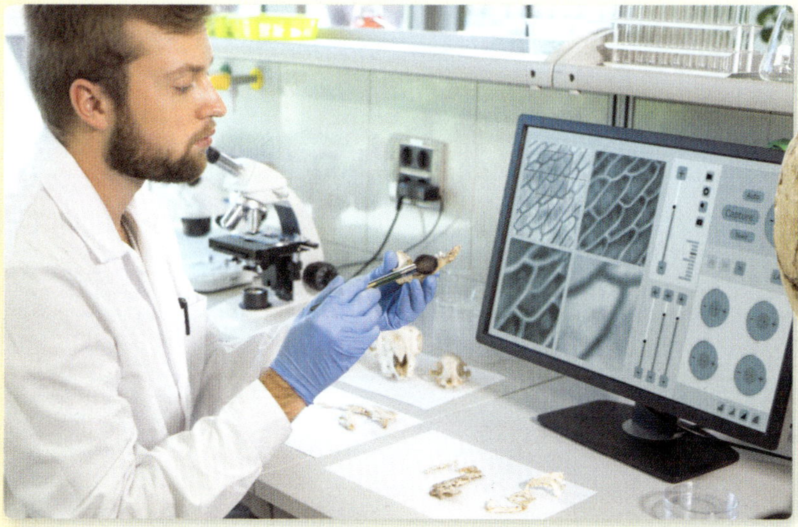

GRABBEIGABEN

SCHERBEN, SCHMUCK UND SCHIFFE

Vieles, was wir heute über frühere Kulturen wissen, verdanken wir Grabbeigaben. Das sind Gegenstände, die den Toten mit ins Grab gelegt wurden. Glaubten die Menschen damals an ein Leben nach dem Tod in einer anderer Welt, dem Jenseits, bekamen die Verstorbenen häufig Dinge mit, die sie auf ihrer Reise dorthin begleiten sollten. Dazu zählten Keramiktöpfe mit Lebensmitteln, Haustiere und manchmal sogar Angehörige oder Soldaten eines Herrschers, die lebendig begraben wurden.

MÄCHTIGE HERRSCHER – REICHE GRABKAMMERN

Fürsten, Könige und Pharaonen waren zu ihrer Zeit mächtige Männer. Starben sie, wurden die Gräber und Grabkammern besonders reich ausgestattet. Neben Schmuck aus Gold fanden sich im Grab des Keltenfürsten von Hochdorf auch Geschirr aus Bronze und sogar ein Wagen mit vier Rädern. Eines der berühmtesten Königsgräber ist das von Tutanchamun in Ägypten, in dem sich neben der Mumie des Kinderkönigs auch Möbel, Gefäße, Truhen voller Gold und die berühmte goldene Totenmaske befanden.

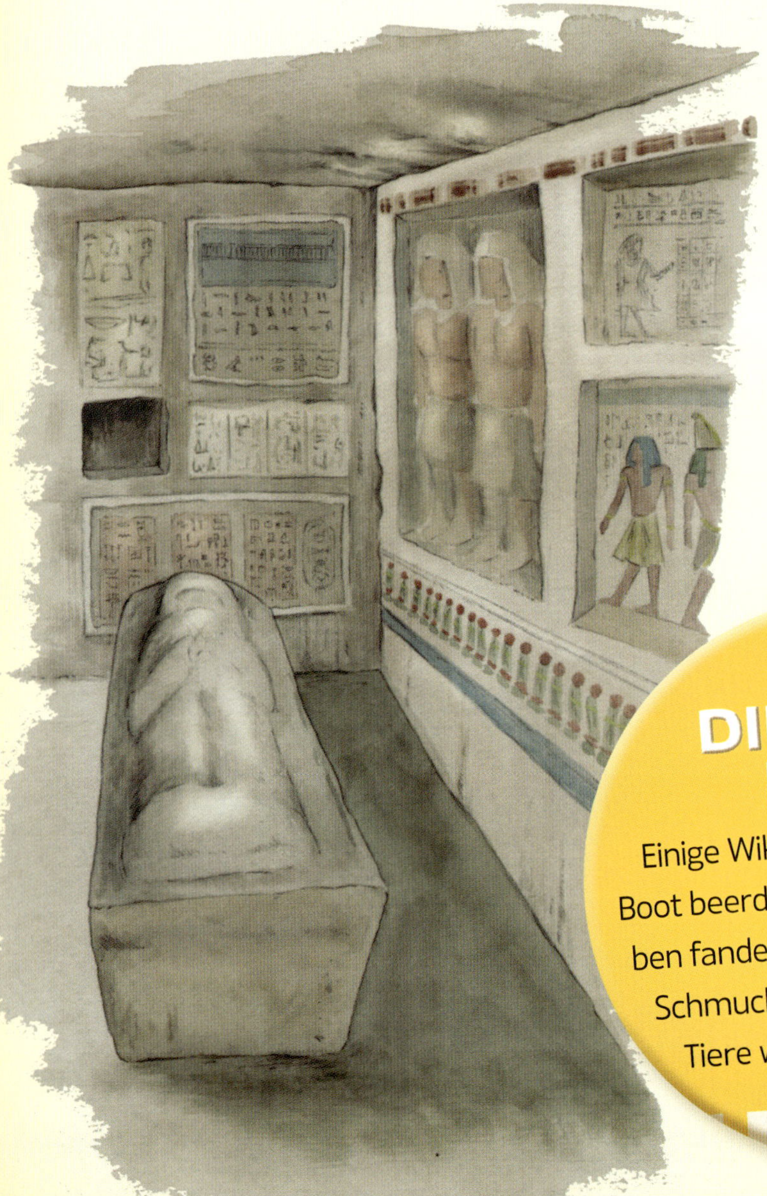

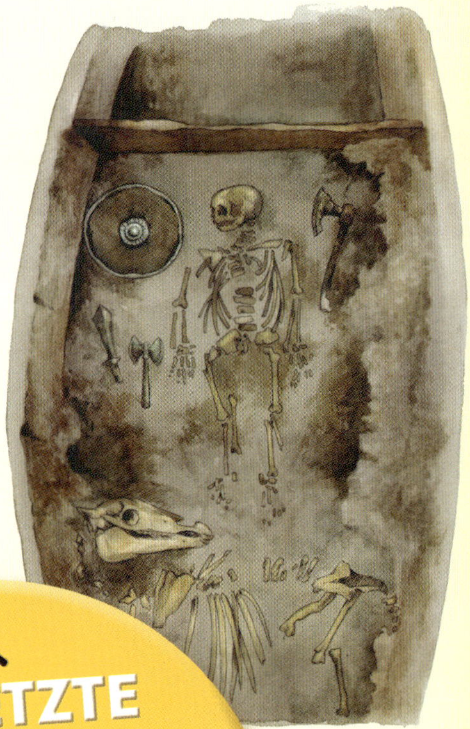

DIE LETZTE FAHRT

Einige Wikinger wurden in einem Boot beerdigt. Unter den Grabbeigaben fanden sich neben Waffen und Schmuck häufig auch geopferte Tiere wie Pferde und Hunde.

KÜCHENGRUBEN UND LATRINEN

JAHRHUNDERTEALTE TOILETTEN

Welchen Grund sollte es geben, alte Abfallhaufen – und schlimmer noch – jahrhundertealte Toilettengruben zu untersuchen? Normalerweise keine, Archäologen freuen sich jedoch, wenn sie auf eine Latrine, ein Klo aus dem Mittelalter, stoßen oder eine Küchengrube aus dieser Zeit freilegen. Für sie sind diese „Dreckhaufen" wahre Fundgruben.

Hier wird eine Holzkastenlatrine mit zerbrochenen Gefäßen freigelegt.

WAS GAB'S ZU MITTAG?

Küchengruben waren die Mülltonnen früherer Zeiten. Sie befanden sich meist in der Nähe der Kochstelle und in ihnen landete alles, was vom Essen übrig blieb oder in der Küche kaputtging. Häufig findet man dort Knochen und Teile von Ess- und Kochgeschirr. Je nach Region können auch die Gehäuse von Muscheln und Schnecken sowie die Knochenplatten von Fischen darunter sein. Aus diesen Funden leiten die Wissenschaftler unter anderem ab, welche Nahrung damals auf den Tisch kam und welche Tiere den Menschen dort für die Ernährung zur Verfügung standen.

KOT UND KEIME

Anhand des Uralt-Kots lässt sich ebenfalls bestimmen, welche Lebensmittel damals verspeist wurden und wie sich Ernährungsgewohnheiten änderten, aber auch, an welchen Krankheiten, insbesondere Parasiten und Würmern, die Menschen damals litten.

DINOSAURIERKNOCHEN UND FOSSILIEN

URALTE REPTILIEN

Dinosaurier bevölkerten die Erde für rund 160 Millionen Jahre. Die ersten dieser Reptilien tauchten vor etwa 220 Millionen Jahren auf, die letzten von ihnen starben vor 66 Millionen Jahren aus. Forscher vermuten, dass sich durch einen gewaltigen Meteoriteneinschlag das Klima und die Lebensbedingungen auf der Erde so stark veränderten, dass die Tiere auf Dauer keine Überlebenschance mehr hatten.

DINOSAURIER

Der Name Dinosaurier stammt aus dem altgriechischen und bedeutet „schreckliche Echse".

WAS KNOCHEN VERRATEN

Kein Mensch hat jemals einen lebenden Dinosaurier gesehen und doch wissen wir heute ziemlich viel über diese gefährlichen Räuber und mächtigen Pflanzenfresser. Unser Wissen stammt aus dem Boden und dem Gestein, in dem Dinosaurierknochen und -zähne, versteinerte Dinosauriereier und auch viele Fuß- und Hautabdrücke gefunden wurden. Aus allen diesen Fossilien können Paläontologen, die Wissenschaftler, die sich mit den ausgestorbenen Pflanzen und Tieren beschäftigen, eine Menge herauslesen. Sie können zum Beispiel feststellen, wie groß das Tier war, zu welcher Zeit es gelebt und was es gefressen hat und manchmal sogar, wie es gestorben ist.

SCHICHT FÜR SCHICHT

Fragst du dich, wie die Dinosaurierknochen in den Boden oder das Gestein gekommen sind? Starben die Tiere, blieben nur die Knochen und Zähne übrig. Der Rest verweste oder wurde von anderen Tieren gefressen. Mit der Zeit lagerten sich über den Knochen immer mehr Sand, Schlamm und Pflanzenbestandteile ab und deckten die Knochen zu. Diese Schicht wuchs und so „verschwanden" die Überreste immer tiefer im Boden, wo sie versteinerten.

BERÜHMTE FUNDSTELLEN

Bedeutende Funde wurden im Tendaguru-Gebiet in Tansania und auf dem Gebiet des Dinosaurier National Monument in den US-amerikanischen Bundesstaaten Utah und Colorado gemacht. Dort wurden bis heute mehrere Tausend Knochen ausgegraben.

HOPPLA, WAS IST DAS?

Verändert sich die Landschaft durch Wind und Wetter, Felsstürze, Erdbeben oder durch den Abbau von Gestein in einem Steinbruch, kommen diese versteinerten Knochen manchmal wieder an die Erdoberfläche. Um das Jahr 1820 begann man sich in England erstmals näher für die gefundenen Knochen zu interessieren. Zu dieser Zeit wusste niemand, von welchem Tier sie stammten. Erst als es immer mehr Funde in Europa und den USA gab, begann man gezielt nach den Fossilien zu suchen. Heute werden immer noch neue Dinosaurierarten entdeckt.

Dinosaurier National Monument in Utah, USA

AUF FOSSILIENSUCHE IM STEINBRUCH

Willst du selbst einmal nach Fossilien suchen? Dann bitte deine Eltern, einen Steinbruch mit dir zu besuchen. In Deutschland kannst du an mehreren Orten fündig werden. Alleine im Altmühltal (Bayern), wo der berühmte Urvogel Archaeopteryx gefunden wurde, gibt es fünf Sammelstellen und Besuchersteinbrüche. Steine klopfen kannst du zum Beispiel auch auf der Schwäbischen Alb, im Kalksteinbruch von Rüdersdorf bei Berlin oder in Nordrhein-Westfalen, im Naturzentrum Eifel in Nettersheim.

Ammoniten gehörten zur Gruppe der Kopffüßer und lebten unter Wasser. Den Abdruck ihrer Schale kann man heute mit etwas Glück im Stein finden.

FRÜHER EIN MEER

Viele Fossilien findet man dort, wo vor Millionen Jahren ein Meer war. So ist es auch im Altmühltal, wo sich das Jurameer befand. Starben Pflanzen und Tiere, sanken sie auf den Grund des Gewässers, wurden mit Schlamm bedeckt und versteinerten. Das Meer verschwand schließlich und zurück blieb der Kalkstein, in dessen Innerem sich die Abdrücke von Pflanzen und Versteinerungen bis heute erhalten haben.

MIT HAMMER UND MEISSEL

Für die Suche nach Fossilien brauchst du einen Hammer und einen Meißel. Wichtig ist auch eine Schutzbrille, denn beim Steineklopfen fliegen Splitter. Deine Taucherbrille genügt auch. Setze den Meißel zwischen zwei Schichten Kalkstein an und spalte ihn vorsichtig, indem du mit dem Hammer sachte auf den Meißel klopfst. Sind im Inneren Abdrücke zu sehen? Mit etwas Glück findest du den Abdruck eines Schachtelhalms oder eines Ammoniten.

MUMIEN

Zu den bekanntesten tierischen Mumien gehört das Mammut-Baby „Dima". Es starb vor 40.000 Jahren und blieb im Eis sehr gut erhalten.

GUT ERHALTENE ÜBERRESTE

Eine Mumie ist eine besonders gut erhaltene Leiche. Sie ist nicht verwest, weil der Leichnam vor dem Bestatten entweder speziell behandelt wurde oder weil die natürliche Umgebung diese Verwesung verhindert hat. „Natürliche" Mumien findet man in Wüsten, Mooren und im Eis.

DER MANN AUS DEM EIS

Eine der bekanntesten Eisleichen ist die Gletschermumie Ötzi, die 1991 in Südtirol, in Italien, gefunden wurde. Anhand der Gegenstände, die der Mann bei sich hatte, fanden Wissenschaftler heraus, dass er in der Jungsteinzeit lebte, wie er lebte und auch, dass er ermordet wurde. Die Originalmumie kannst du heute im Südtiroler Archäologiemuseum in Bozen besichtigen.

BERÜHMT FÜR MUMIEN

Besonders viele Mumien stammen aus dem alten Ägypten. Dort verwendete man ein spezielles Verfahren, die sogenannte Einbalsamierung, um den toten Körper zu erhalten. Alle Organe bis auf das Herz wurden entfernt und in eine Salzlösung eingelegt. Sie wurden später in Gefäßen zusammen mit dem Körper bestattet, der ebenfalls mit Salz behandelt wurde. Anschließend rieb man den Leichnam mit Ölen ein und umwickelte ihn mit Leinenbinden. Eine Einbalsamierung dauerte mehrere Wochen. Deshalb wurden so vor allem reiche Menschen bestattet.

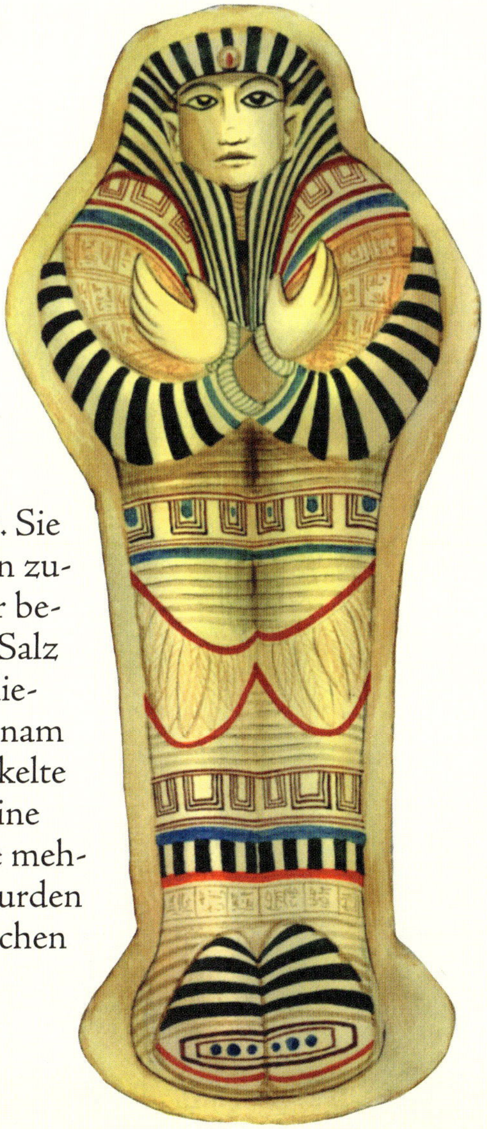

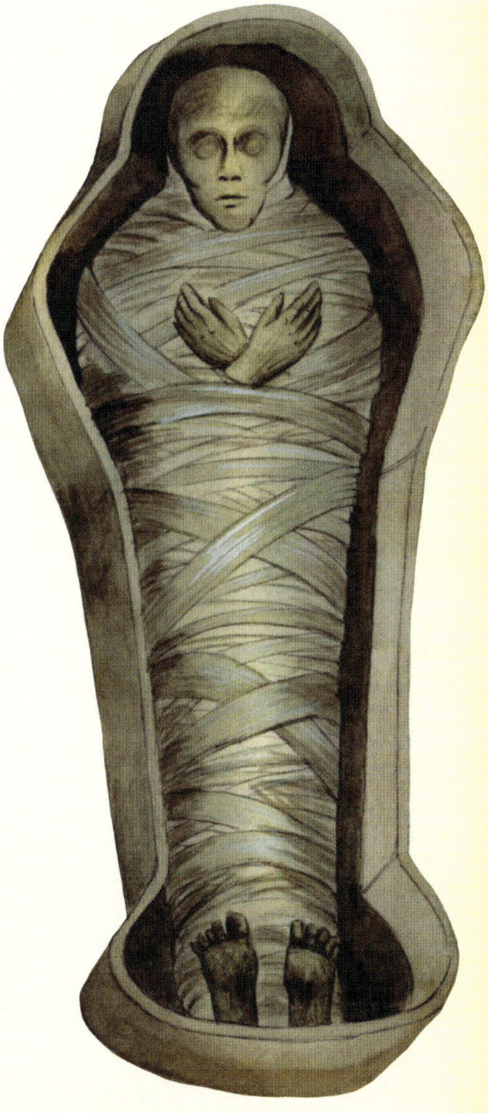

VERSUNKENE STÄDTE

Herculaneum, eine antike Stadt in Italien. Hier kannst du gut erkennen, wie die freigelegten Mauerreste unter der Ebene der modernen Stadt liegen.

DIE STADT AUF DER STADT

Viele Städte sind sehr alt. Sie entstanden rund um Burgen, in der Nähe von Römerlagern, an Flussmündungen, an wichtigen Handelswegen und in Gegenden mit besonders fruchtbarem Boden. Aus einer kleinen Siedlung entstand im Laufe der Zeit eine Stadt. Wurden Häuser durch einen Brand oder kriegerische Auseinandersetzungen zerstört, baute man die neuen Gebäude häufig auf den alten Mauern und Trümmern. Deshalb liegen die Städte aus vergangenen Zeiten oft mehrere Meter unter den heutigen Städten. Die alten Siedlungsreste kommen dann bei Bauarbeiten wieder zum Vorschein. Dann prüfen Archäologen, wie bedeutend der Fund ist und ob weitergebaut werden kann.

NEAPEL UNTERIRDISCH

Unter der süditalienischen Stadt Neapel befindet sich ein rund 80 Kilometer langes Wegenetz, das Höhlen und Kammern miteinander verbindet. Die unterirdische Welt diente schon als Wasserspeicher, Fluchtweg, Bunker und Notunterkunft, Müllkippe und Auto-Lagerplatz. Heute ist sie eine Touristenattraktion und du kannst an Führungen in den Untergrund teilnehmen.

ALTE KULTUREN

VERGESSEN UND ZUGEWUCHERT

Lange vor unserer Zeit gab es in Mittel- und Südamerika hoch entwickelte Völker wie die Maya, Inka und Azteken. Sie bauten Städte, betrieben Landwirtschaft und Handel, hatten eine eigene Religion und Sprache und erschufen Kunstwerke. Mit der Eroberung des Kontinents durch die Spanier fanden ihre Kulturen ein Ende und ihre Bauwerke gerieten in Vergessenheit.

AUS TENOCHTITLAN WIRD MEXIKO-STADT

Die Azteken-Hauptstadt Tenochtitlan bestand seit dem 14. Jahrhundert und wurde im Jahr 1521 von den spanischen Eroberern eingenommen und zerstört. Auf den Trümmern errichteten die Spanier eine neue Siedlung, die heutige Hauptstadt Mexikos, Mexiko-Stadt. Bei Bauarbeiten stößt man deshalb immer wieder auf Zeugnisse der Azteken.

In Mexico-Stadt wurden die Ruinen des größten Azteken-Tempels, Templo Mayor, freigelegt.

RUINEN AUSGRABEN: MACHU PICCHU

Die Ruinenstadt Machu Picchu in Peru zieht jährlich über eine Million Besucher an. Die ehemalige Inka-Stadt befindet sich auf einem Bergrücken in 2360 Meter Höhe und wurde vermutlich deshalb nie von den spanischen Eroberern entdeckt. Sie geriet lange in Vergessenheit und wurde erst Ende des 18. Jahrhunderts „wiederentdeckt". Das gesamte Gelände war stark überwuchert und die Ruinen mussten mühsam freigelegt werden.

NATÜRLICH ENTSTANDENE HÖHLEN

HÖHLEN, TRICHTER UND LÖCHER

Auf der Erde gibt es viele Höhlen, Löcher, Vertiefungen, Krater und unterirdische Tunnel, die auf natürliche Weise ohne das Zutun von Menschen entstanden sind. Sie bildeten sich auf ganz unterschiedliche Art. Falten sich beispielsweise Gebirge auf und birst das Gestein, können Spalten und Risse entstehen, die sich unter dem Einfluss von Regen, Schnee, Wind, Eis und Hitze vergrößern.

DIE KRAFT DES WASSERS

Auch Regenwasser ist in der Lage, Höhlen zu schaffen, insbesondere dann, wenn der Berg oder Fels aus Kalkstein besteht. Dann löst das im Wasser enthaltene Kohlenstoffdioxid den Kalk und wäscht ihn aus. Mit der Zeit entsteht auf diese Weise eine Höhle. Sie vergrößert sich und bildet mitunter neue Kammern und labyrinthartige Gänge, wenn weiterhin Wasser fließt. Durch einige Höhlensysteme fließen Flüsse und manchmal bilden sich unterirdische Seen.

DIE KRAFT DER BRANDUNG

Wenn Wellen ans Ufer schlagen, können sie viel Kraft haben. Das hast du vielleicht selbst schon mal am Meer erlebt, wenn dich eine Welle umgeworfen hat. In Gegenden, wo die Brandung sehr stark ist und Felsen direkt am Ufer aufragen, höhlen die Wellen den Fels nach und nach aus. Eine Höhle entsteht.

In Bonifacio auf Korsika hat die Brandung im Laufe der Jahrhunderte einen Felsen ausgehöhlt.

HÖHLENFORSCHER/IN

Eine direkte Ausbildung zum Höhlenforscher gibt es nicht. So gesehen gibt es den Beruf auch nicht – Höhlenforscher selbst aber schon. Die Menschen, die zum Erforschen von Höhlen in die Unterwelt hinabsteigen, tauchen, kriechen oder klettern, kommen aus ganz unterschiedlichen Berufen. Sie sind oft Geologen, kennen sich also mit Gesteinsarten aus, sie sind Archäologen, Biologen oder Klimaforscher oder sie beschäftigen sich als Paläontologen mit Spuren des Lebens vergangener Zeiten oder als Geografen mit der Vermessung der Erde.
Es gibt auch viele Höhlenforscher, die die Unterwelt als Hobby erkunden. Dazu müssen sie keine Wissenschaftler sein. Sie sollten sich jedoch in Erster Hilfe auskennen und wie Bergsteiger mit dem Kletterseil umgehen können.

NEU ENTDECKT

Höhlenforscher in Deutschland haben in den letzten 30 Jahren einige Höhlen neu entdeckt. So wurde 1996 bei Berchtesgaden die Riesending-Schachthöhle entdeckt, die größte und tiefste Höhle in Deutschland.

DUNKEL, ENG, STILL

Höhlenforscher müssen fit sein. Steigen sie in unerforschte Höhlen hinab, wissen sie nicht, was sie erwartet. Oft ist es sehr eng und immer ist es dunkel. Tropft nicht gerade Wasser von der Decke, ist es sehr still. Nur der eigene Atem ist dann zu hören. Vielen Menschen wäre das zu unheimlich.

TROPFSTEINHÖHLEN

STALAKTITEN UND STALAGMITEN

Tropft im Berginneren ständig kalkhaltiges Wasser aus dem Fels auf den Boden, bilden sich im Laufe vieler Jahrhunderte Tropfsteine. Das Wasser aus dem Tropfen verdunstet und übrig bleibt der Kalk. Auch aus den vielen Millionen weiteren Tropfen, die auf dieselbe Stelle fallen, bleibt jeweils ein winziges bisschen Kalk übrig, das nach langer Zeit zu einem Tropfstein wächst. Das geschieht sehr langsam. Sie wachsen nur etwa einen Millimeter in zehn Jahren. Wenn du bei dem Besuch einer Tropfsteinhöhle also sehr große Tropfsteine siehst, weißt du, dass sie sehr, sehr alt sind.

T ODER M?

Tropfsteine, die von der Decke hängen, nennt man Stalaktiten. Sie haben ein T im Namen und sind wie der T-Strich oben befestigt. Diejenigen Tropfsteine, die von unten nach oben wachsen, heißen Stalagmiten. Das M in ihrem Namen erinnert an einen Berg und zuerst bilden sie auf dem Boden auch einen winzigen Hügel, bis sie zu einer Säule heranwachsen. Wachsen ein Stalaktit und ein Stalagmit zu einer Säule zusammen, nennt man diese Stalagnat.

TIERE DER EISZEIT

In vielen Höhlen wurden Knochen eiszeitlicher Tiere gefunden, wie die von Höhlenbären. Sie hielten dort ihren Winterschlaf.

Höhlenbären waren bis zu 3,5 Meter lang und ungefähr 1,7 Meter hoch – ein ganzes Stück größer als die heutigen Braunbären!

KRISTALLHÖHLE IN MEXIKO

DAS FUNKELN IM BERG

Im Norden Mexikos, in der Nähe der Stadt Naica, wird in einer Mine Erz abgebaut. Durch Zufall stieß man 1910 in 120 Meter Tiefe auf eine Höhle, die wegen der Form ihrer Kristalle die Höhle der Schwerter genannt wurde. Zehn Meter sind die größten der milchig trüben Kristalle lang und bis zur Entdeckung einer weiteren Höhle in der Mine galten sie als die mächtigsten der Welt.

DIE HÖHLE DER KRISTALLE

Viele Jahre später, im Jahr 2000, und viele Meter tiefer, 290 Meter unter der Erdoberfläche, entdeckten Minenarbeiten eine noch viel prachtvollere Höhle, mit gigantischen, durchsichtigen Gips-Kristallen, die im Licht funkeln, als hätte man sie geschliffen. Sie sind bis zu 14 Meter lang und haben einen Durchmesser von zwei Metern. Man schätzt, dass die ältesten von ihnen etwa eine halbe Million Jahre alt sind.

BETRETEN LEBENSGEFÄHRLICH

In der Kristallhöhle ist es fast 50 Grad Celsius heiß und es herrscht eine Luftfeuchtigkeit von 90 Prozent. Schweiß kann unter diesen Bedingungen nicht mehr verdunsten und der Körper überhitzt sehr schnell. Deshalb können Menschen dort ohne eisgekühlte Schutzkleidung nur ein paar Minuten überleben.

SO ZÜCHTEST DU KRISTALLE

Kristalle sind feste Körper, die eine gleichmäßige Form haben, wie zum Beispiel Edelsteine oder Schneeflocken. Sie sehen wunderschön aus und funkeln, wenn Licht auf sie fällt. Kristalle selbst zu züchten ist nicht schwer. Hast du Lust, es zu probieren?

SALZ

Auch Salz bildet Kristalle. Wie unterscheiden sie sich von deinen Zuckerkristallen? Stelle eine zweite Lösung mit Salz statt mit Zucker her und finde es heraus!

DIE ZUTATEN

Du braucht ein Gefäß, zum Beispiel ein Einmachglas. Außerdem Wasser, Zucker, einen Bleistift und etwas Wolle.

SO GEHST DU VOR

Bitte einen Erwachsenen, dir etwas Wasser (ungefähr eine Tasse) zu kochen und in das Einmachglas zu füllen. Gib nach und nach etwa zwei Tassen Zucker hinzu und rühre so lange um, bis er sich vollständig gelöst hat. Befestige ein paar Wollfäden an dem Bleistift und lege ihn quer über das Einmachglas. Die Fäden sollten so lang sein, dass sie fast bis auf den Boden des Gefäßes reichen. Stelle das Glas an einem warmen Ort auf und bewege es nicht mehr. Dann heißt es warten, warten und noch einmal warten. Es dauert nämlich eine ganze Weile, bis sich die ersten Kristalle an den Fäden bilden.

VULKANE

KAMMERN UND SCHLOTE

In Gebieten mit aktiven Vulkanen können Lavahöhlen entstehen. Bricht der Vulkan aus, fließt die Lava den Berghang hinab und erkaltet schließlich an der Oberfläche. Sie wird fest. Unter dieser „Decke" kann sich aber weiterhin Lava hangabwärts bewegen. Ist sie abgeflossen, bleibt die leere Lavaröhre als Tunnel oder Höhle zurück. Auf Hawaii, Island und den Kanarischen Inseln gibt es mehrere dieser röhrenförmigen Höhlen, die mehr als einen Kilometer lang und zehn Meter hoch sein können. Durch einige Höhlen werden Führungen angeboten.

So sieht eine Lavahöhle aus.

UNENTDECKT

Manche Lavahöhlen werden erst entdeckt, wenn die Decke über der Röhre einstürzt und so einen Eingang in das unterirdische Tunnelsystem schafft. Experten vermuten, dass es noch viel mehr Lavaröhren gibt, als man bisher kennt.

IM VULKAN

Höhlen bilden sich auch direkt im Vulkan, zum Beispiel, wenn sich die Magmakammer nach einem Ausbruch nicht wieder füllt. Wissenschaftler vermuten, dass dies auf Island geschehen ist, denn am Ende des Vulkankraters des Thrihnukagigur befindet sich eine große Kammer. Mutige Touristen können dort mit einem Seil-Lift direkt in den schlafenden Vulkan hinabfahren.

Hier fahren Touristen mit einem Seil-Lift in den Vulkan Thrihnukagigur.

GEYSIRE

WASSER IM TRICHTER

An bestimmten Orten der Erde schießen in regelmäßigen Abständen Wasserfontänen aus einem Loch im Boden. Dieses Naturschauspiel hat einen Namen: Geysir. Das Wort stammt aus dem isländischen und bedeutet so viel wie „herausspritzen, sich ergießen“ und genau das kannst du in Island am Strokkur oder am Großen Geysir beobachten. Mehrere berühmte Geysire gibt es auch in den USA im Yellowstone-Nationalpark.

EIN GEYSIR IN DEUTSCHLAND

In Deutschland gibt es auf einer Halbinsel im Rhein einen Kaltwassergeysir, den man mit dem Schiff von Andernach aus besichtigen kann. Der Andernacher Geysir wird nicht durch heißes Magma angetrieben, sondern durch natürliches Kohlendioxid.

WIE FUNKTIONIERT EIN GEYSIR?

Mehrere Voraussetzungen müssen erfüllt sein, damit ein Geysir entstehen kann. In der Nähe muss sich ein Vulkan befinden, dessen Magma das Grundwasser erhitzt. Dieses befindet sich in einer unterirdischen Kammer. Außerdem muss es einen engen Spalt zwischen der Wasserkammer und der Erdoberfläche geben, durch den das Wasser nach oben gelangen kann. Wird das Wasser in der Kammer erhitzt, dehnt es sich aus – bis es keinen Platz mehr hat und explosionsartig an die Oberfläche schießt. Nach dem Ausbruch füllt sich die Wasserkammer wieder und der Geysir bricht erneut aus, wenn der Druck in ihr zu groß geworden ist. Bei manchen Geysiren dauert das wenige Minuten, andere brechen nur alle paar Stunden aus.

HÖHLEN UNTER WASSER

NUR FÜR PROFITAUCHER

Es gibt Höhlen, die kannst du nicht betreten. Sie stehen unter Wasser und nur erfahrene Taucher können sie erkunden. In Höhlen zu tauchen ist sehr gefährlich. Es können Steine herabfallen und Wege versperren, außerdem gibt es viele scharfe Kanten, durch die die Ausrüstung beschädigt oder der Taucher verletzt werden kann. Möglich ist auch, dass er an Engstellen stecken bleibt, sich in dem Unterwasserlabyrinth verirrt oder die Sauerstoffflasche leer ist, bevor er wieder zurück an der Oberfläche ist. Deshalb sind die meisten Taucher immer mit einem Partner unterwegs.

CENOTES

So heißen in Mexiko die Löcher, die durch den Einsturz der Höhlendecke entstanden sind. Durch sie kann man in die Höhlen schauen oder sich dorthin abseilen, um ein Bad zu nehmen.

EINSTÜRZENDE HÖHLENDECKEN

In Mexiko, unter der Halbinsel Yucatan, liegt ein gigantisches Höhlensystem, das unter Wasser steht. Es ist viele Hundert Kilometer lang und noch längst nicht vollständig erforscht. Tropfsteine unter Wasser, aber auch Skelette von Tieren und Menschen sind dort zu sehen. Sie stammen aus der Zeit der Maya, die in den Höhlen ihre Toten bestatteten, als diese noch nicht unter Wasser standen.

HÖHLEN VON MENSCHENHAND

Der versteckte Eingang zu einem Bunker

SCHUTZ UNTER DER ERDE

Kinder buddeln gerne im Sand und graben dort Tunnel und Löcher. Erwachsene graben auch in der Erde – und dafür gibt es verschiedene Gründe. Einer ist die Suche nach Bodenschätzen wie Erzen und Salz und deren Ausbeutung. Gesucht wird auch nach vergrabenen oder verlorenen gegangenen Schätzen aus alter Zeit. So gibt es sagenumwobene Goldschätze von Herrschern und von Piraten, die bis heute nicht gefunden wurden.
Höhlen graben Menschen auch, um unter der Erde Schutz zu finden, sei es vor großer Hitze, verheerenden Stürmen wie Tornados oder vor den Bomben, die im Krieg über Städten abgeworfen wurden.

UNTERIRDISCH WOHNEN

Manchmal leben Menschen auch in Höhlen oder in Tunneln, zum Beispiel, weil sie freiwillig ein Leben in Einsamkeit führen möchten oder weil sie keine andere Wohnmöglichkeiten haben. In Großstädten wie Bukarest, Wien und New York leben viele Obdachlose aus Not in den Tunneln unter der Stadt.

TORNADO-ALLEE

Tornado-Allee wird ein Gebiet im Mittleren Westen der USA genannt, in dem bis zu 800 Tornados pro Saison auftreten können. Deshalb haben viele Häuser dort einen Sturmbunker, eine Art Erdkeller, in den die Menschen fliehen, wenn ein Wirbelsturm naht.

UNTER TAGE: IM BERGWERK

WIE EINE RIESENGROSSE MAULWURFSHÖHLE

Im Ruhrgebiet wurde über Jahrzehnte unterirdisch Kohle abgebaut. Dort und in anderen Bergbauregionen ist die Erde von unzähligen Gängen und Stollen durchzogen. Das kannst du dir ähnlich vorstellen wie eine riesige Maulwurfshöhle. In mehreren Etagen, den Sohlen, verlaufen waagerechte Gänge. Die Schächte verlaufen senkrecht. In ihnen werden die Rohstoffe nach oben transportiert. Auch große Hallen befinden sich dort. In ihnen wird das abgebaute Material gesammelt, bevor es an die Oberfläche befördert wird. Das unterirdische Streckennetz kann die Ausmaße einer Stadt haben.

WENN DIE ERDE NACHGIBT

Wenn Bergwerke heutzutage stillgelegt werden, füllt man zur Sicherheit die Gänge und Schächte wieder mit Erde und Gestein auf. Trotzdem kann es passieren, dass der Stollen einbricht und sich die Erde darüber absenkt. Dann können oberirdisch Straßen einbrechen und Häuser Risse bekommen oder sogar nach und nach im Boden versinken.

Im Salzlager von Heilbronn werden Reste aus den Müllverbrennungsanlagen gesammelt.

FÜR ALLE ZEITEN? ENDLAGER SALZSTOLLEN

RIESIGE LEERE HALLEN

Ist das Salz in den Bergwerken abgebaut, bleiben riesige Hallen, die mit Tunneln verbunden sind, unter Tage bestehen. Diese können die Ausmaße eines großen Doms haben – 200 Meter lang, fast 20 Meter hoch und breit wie eine zweispurige Straße. Manche Salzbergwerke sind so groß, dass sie ein Streckennetz von vielen hundert Kilometern und eine größere Ausdehnung haben als mehrere Städte zusammen über ihnen.

DER DRECK MUSS WEG

Einige ehemalige Salzbergwerke oder die nicht mehr genutzten Abschnitte davon werden heute als Endlager für gefährliche und schädliche Abfälle genutzt, die man oberirdisch nicht bedenkenlos lagern kann. Dazu zählen radioaktive Abfälle, giftige Aschen aus Filteranlagen von Fabriken und gefährliche Chemikalien. Lange Zeit war man überzeugt davon, dass die Abfälle dort unten für immer bleiben könnten und sicher verwahrt wären. Inzwischen weiß man, dass das nicht in jedem Fall stimmt. In einigen Bergwerken liefen die Kammern voll Wasser, das Salz löste sich auf und die Decken brachen schließlich ein. Deshalb will man die gefährlichen Stoffe aus einigen Salzbergwerken wieder heraufholen und woanders lagern. Wo, weiß man allerdings noch nicht.

Im ehemaligen Salzbergwerk Asse in Niedersachsen lagern radioaktiver und chemischer Abfall.

BOMBENSICHER: BUNKER

PRAKTISCH UNZERSTÖRBAR

Ein Bunker ist ein Schutzraum. In ihm können wichtige Dokumente und Gegenstände gelagert werden oder er dient Menschen in einem Krieg als zeitweiliger Unterschlupf. Damit ein Bunker Bombenangriffen standhält, ist er sehr stabil gebaut. Er besteht aus viel Stahl und Beton und ist kaum zu zerstören. Die Wände und Decken sind bis zu 3,50 Meter dick! Deshalb findest du in vielen Städten immer noch Bunker. Ihr Abriss wäre einfach zu aufwendig und teuer gewesen, deshalb hat man sie stehen lassen.

HOCH ODER TIEF?

Viele Bunkeranlagen wurden unterirdisch gebaut, zum Beispiel unter Wohnhäusern, in U-Bahn-Tunneln oder direkt in den Berg hinein. Es gibt aber auch sogenannte Hochbunker, die wie riesige Klötze in den Himmel ragen. Viele Bunker stehen noch, einige der unterirdischen wurden zugeschüttet, andere lässt man einfach verfallen.

Einblick in einen Bunker

ALLES IM BUNKER

Bunker lassen sich auf viele Arten nutzen: Es gibt Discos darin, Kindergärten, Archive, Lagerräume, Wohnungen, Jugendtreffs, Museen, in ihnen werden Champignons gezüchtet, einige sind für Führungen geöffnet oder werden als Kletterwand genutzt.

Dieser Bunker steht in Dänemark am Strand. Er wurde von einem Künstler zu einem Maultier umgestaltet.

TUNNELBAUER / TUNNELBAUERIN

Tunnelbauer errichten oder erweitern Tunnel, die für den Verkehr oder für die Versorgung von Baustellen und unterirdischen Anlagen wichtig sind. Das können Auto- und Bahntunnel sein. Manche von ihnen werden unterirdisch gebaut, andere verlaufen durch Gebirge und werden in den Fels gesprengt.

SCHWERE MASCHINEN

Tunnelbauer haben es oft mit hartem Gestein und schweren Maschinen zu tun. Sie bewegen Tonnen von Erde und Fels mit Tunnelbohrmaschinen, Baggern und Kippladern, schaffen den Abraum, also das herausgebrochene Gestein, an die Erdoberfläche und sichern den Tunnel mit großen vorgefertigten Betonelementen vor dem Einsturz. Sind sie zuständig für die Verlängerung des Tunnels, den sogenannten Vortrieb, müssen sie manchmal auch Sprengungen vornehmen, um das Gestein zu lösen.

HAUFENWEISE PRÜFUNGEN

Willst du später Tunnelbauer oder Tunnelbauerin werden, musst du nach Beendigung der Schule eine dreijährige Ausbildung machen. Später kannst du dich weiter fortbilden. Das ist zum Beispiel notwendig, wenn du die großen Maschinen fahren willst. Für sie brauchst du einen bestimmten Führerschein. Wer mit Sprengstoff hantiert, muss ebenfalls eine zusätzliche Prüfung ablegen.

AUTOTUNNEL

QUER DURCH DEN BERG

Bist du auf der Fahrt in den Urlaub schon einmal mit dem Auto in die Berge gefahren, dann bist du sicher auch durch einen der vielen Autotunnel gereist. In der Schweiz, in Österreich und in Italien reihen sich auf bestimmten Strecken Tunnel an Tunnel. Einige sind nur wenige Hundert Meter lang, andere queren den Berg auf mehreren Kilometern Länge. Um sie zu bauen, benötigt man Tunnelbohrmaschinen. Das sind riesige Kolosse, die sich pro Tag mehrere Meter in den Berg fressen können.

Ein Tunnelbauer guckt durch das Schneidrad einer Tunnelbohrmaschine.

VORNE KNABBERN, HINTEN RAUSSCHIEBEN

Tunnelbohrmaschinen können viele Dinge auf einmal. Haben sie sich durch den Berg gefressen, ist der Tunnel eigentlich fertig, das heißt, es muss nur noch die Fahrbahn gebaut werden. Im vorderen Bereich der Maschine sitzt der Bohrkopf. Er „knabbert" sich durch das Gestein und bricht große Brocken heraus, die durch die Maschine auf einem Förderband nach hinten fahren und von dort an die Oberfläche befördert werden. Im hinteren Teil der Maschine wird mit dem sogenannten Erektor sofort ein Betonring eingesetzt. Fertig!

TELEFON IM TUNNEL

Zur Sicherheit gibt es im Tunnel Feuerlöscher und Telefone in regelmäßigen Abständen. Schilder weisen den Weg dorthin.

DER HITZE ENTKOMMEN

EINE STADT UNTER DER ERDE

Im Süden Australiens liegt die kleine Stadt Coober Pedy. Nähert man sich der Stadtgrenze, ist nicht viel von ihr zu sehen und das ändert sich auch nicht, wenn man hindurchfährt. Kein Wunder, denn der Großteil der Stadt liegt unter der Erde!

Ein Opal

DIE HAUPTSTADT DER OPALE

1915 wurden die ersten Opale in Coober Pedy entdeckt. Die farbenprächtigen Edelsteine lockten viele Bergarbeiter in die Gegend, die in der Hoffnung auf Reichtum unzählige Löcher in den Boden gruben. Und tatsächlich gab es jede Menge Opale, so viele, dass der Ort sich heute selbst als Weltstadt der Opale bezeichnet.

WOHNEN IN DER HÖHLE

War eine Stelle ausgebeutet, blieb eine Höhle zurück. In ihnen wohnen heute die meisten Einwohner. Das ist praktisch, denn im Sommer ist es in Coober Pedy bis zu 45 Grad Celsius heiß. In den Höhlen ist es dagegen immer gleichmäßig warm. Die Temperaturen unter der Erde liegen bei angenehmen 20 bis 25 Grad Celsius, da braucht man weder Heizung noch Klimaanlage. Es gibt unterirdische Hotels, Bars, Restaurants, Läden und mehrere Kirchen.

VORSICHT, LOCH!

In Coober Pedy und Umgebung gibt es so viele Löcher, dass die Gefahr groß ist, hineinzufallen. Vor dem Rückwärtsgehen wird deshalb ausdrücklich gewarnt.

WOHNEN IM FELS

In etlichen Ländern gibt es alte Fels- und Höhlenwohnungen, in denen Menschen lebten. Einige von ihnen werden heute als Ateliers von Künstlern genutzt oder sind als touristische Attraktion Ziel von Stadtführungen.

FRÜHER SCHANDFLECK, HEUTE WELTERBE

In Süditalien, in Matera, lebten bis 1950 rund 20.000 Menschen in Höhlenwohnungen. Diese Behausungen hatten oft nicht mehr als einen Wohnraum, in dem die ganze Familie samt Vieh unterkommen musste. Viele dieser Sassi, wie sie genannt werden, waren nur über Leitern zu erreichen. Es gab weder Strom noch fließendes Wasser und viele Neugeborene starben aufgrund der schlechten hygienischen Bedingungen. Matera galt als Schandfleck, die Höhlen wurden in den 1960er-Jahren geräumt und die Bewohner umgesiedelt. Die Höhlen sind seit 1992 UNESCO Weltkulturerbe.

DIE HÖHLENSTÄDTE IN KAPPADOKIEN

In der türkischen Region Kappadokien gibt es mehrere große Höhlenstädte, die sich über Kilometer im Untergrund erstrecken. Sie sind Tausende von Jahren alt und dienten verfolgten Menschen als Versteck. Sie bilden ein weit verzweigtes unterirdisches Labyrinth und niemand weiß genau, wie viele unterirdische Gänge und Kammern es gibt. Viele werden nur zufällig entdeckt.

GEHEIMNISSE UND MYTHEN

ES GIBT VIELE GESCHICHTEN ÜBER GEHEIMNISVOLLE HÖHLEN UND TUNNEL, IN DENEN UNGEHEUER LAUERN ODER DIE TOTEN IHR UNWESEN TREIBEN. DIE VORSTELLUNG, WAS EINEN UNTER DER ERDE IN DER DUNKELHEIT ERWARTET, IST VIELEN MENSCHEN EIN WENIG UNHEIMLICH. AUF DER ANDEREN SEITE REGT DIESE VERBORGENE WELT ABER AUCH DIE FANTASIE AN. WAS WÄRE, WENN DORT EIN SAGENHAFTER SCHATZ VERGRABEN WÄRE? BIS HEUTE WIRD NACH GELD, GOLD UND JUWELEN GESUCHT, DIE VOR LANGER ZEIT GERAUBT ODER VERLOREN WURDEN.

FLUCHTTUNNEL

UNTERIRDISCH IN DIE FREIHEIT

Tunnel, die zur Flucht genutzt wurden, gab es schon im Mittelalter. Viele Burgen besaßen einen geheimen, unterirdischen Ausgang, durch den die Bewohner bei einem Brand oder bei einer Belagerung flüchten konnten. Auch in Berlin wurden Fluchttunnel gegraben, und das ist noch gar nicht lange her.

DIE TEILUNG DER STADT

Berlin war 28 Jahre lang durch eine Mauer in einen West- und einen Ostteil getrennt. Diese Teilung begann am 13. August 1961, als die Regierung der DDR eine Mauer bauen und scharf bewachen ließ. Familien und Freunde wurden von einem Tag auf den anderen getrennt und konnten sich nicht mehr besuchen. Noch immer wollten aber viele Menschen aus dem Osten in den Westen fliehen und so entstanden die Fluchttunnel.

GRABEN UND KRIECHEN

Der Tunnelbau war mühsam und die Erde aus den niedrigen Stollen musste heimlich beseitigt werden. Die Gänge waren sehr niedrig und man konnte darin nur kriechen. Unter Berlin wurden bis 1973 fast 40 Tunnel gegraben. Allerdings nicht immer mit Erfolg. Viele Tunnel wurden entdeckt, bevor Menschen durch sie fliehen konnten. Andere stürzten vorzeitig ein. Es gab aber auch Fluchttunnel, durch die mehr als 50 Menschen in den Westen flohen.

ERDSTALL UND „SCHRAZELLOCH“

BIS HEUTE UNGEKLÄRT

In Bayern und in Teilen von Österreich gibt es merkwürdige Gänge und Höhlen, die im Mittelalter aus dem Fels gehauen und gegraben wurden. Bis heute ist nicht klar, wozu sie dienten. Für die Vorratshaltung waren sie unpraktisch und für die Flucht oder als Versteck nicht geeignet, da sie oft keinen zweiten Ausgang haben.

EIN STALL, ABER KEINE TIERE

Fachleute nennen diese Gänge Erdställe. Tiere wurden in ihnen aber nie gehalten, dazu sind die meisten von ihnen auch zu niedrig und zu schlecht belüftet. Oft sind sie nur 60 Zentimeter breit und aufrecht stehen könntest du darin in den meisten Fällen auch nicht. Ihr Name leitet sich von dem Wort Stollen ab, dem Gang. Viele Erdställe besitzen Nischen, in denen man Lampen abstellen oder sitzen konnte.

DAS WERK VON ZWERGEN?

In Bayern werden die Gänge auch „Schrazellöcher“ genannt. Ein Schrat oder Schratzl ist ein Zwerg. Die Menschen in der Region glaubten früher, dass die Gänge und Löcher von Zwergen angelegt wurden, wohl weil sie so niedrig und schmal sind. Rund 700 dieser „Löcher“ gibt es in Bayern.

DIE UNTERWELT – DAS REICH DER TOTEN

In vielen Kulturen gab es die Vorstellung von einem Totenreich, einer Unterwelt. Sie stellte die Gegenwelt zur realen Welt mit den Lebenden dar.

DEN FÄHRMANN BEZAHLEN

Im antiken Griechenland herrschte der Gott Hades über die Unterwelt. Um in sein Totenreich zu kommen, mussten die Seelen der Verstorbenen vorher den gefährlichen Fluss Styx überqueren. Das gelang nur, wenn der Fährmann Charon den Toten hinüberbrachte und dafür entsprechend entlohnt wurde. Aus diesem Grund legte man den Verstorbenen ein Geldstück unter die Zunge: Fährgeld! Die Pforte zur Unterwelt bewachte Zerberus, der dreiköpfige Höllenhund. Er passte auf, dass kein Lebender hinein und kein Toter hinauskam.

MUMIE MIT KÖNIGSKRONE

In der ägyptischen Unterwelt herrschte Osiris. Der Legende nach tötete ihn sein Bruder Seth, zerstückelte ihn und verteilte seinen Körper über ganz Ägypten. Isis und Nephthys, die Frau und die Schwester von Osiris, fanden ihn und erweckten ihn durch ihre Klagen wieder zum Leben. Seitdem herrschte er über das Totenreich und jeder, der hineinwollte, musste vor dem Totengericht eine Prüfung bestehen. Auf Bildern ist Osiris häufig als Mumie mit Königskrone dargestellt.

VERGRABEN, VERSENKT, VERLOREN?

VERSCHOLLENE REICHTÜMER

Es gibt eine Reihe realer und sagenhafter Schätze, um die sich viele Geschichten ranken. Von unermesslichen Reichtümern ist die Rede, von unbeschreiblichem Glanz und sogar von Unsterblichkeit, die derjenige erlangen kann, der den Schatz findet. Kein Wunder, dass es seit dem Verschwinden der Schätze zahlreiche Vermutungen gibt, wo sie versteckt sein könnten. Gefunden wurden sie bis heute nicht.

DER SCHATZ DES ZAREN

1917, nach der russischen Revolution, war auch der legendäre Schatz des letzten Zaren verschwunden. Tonnenweise Edelsteine und Juwelen und ganze Eisenbahnwaggons voller Gold waren nicht mehr auffindbar. Seither hält sich das Gerücht, dass damals ein Teil des Zarengoldes im sibirischen Baikalsee untergangen ist, als versucht wurde, die Waggons über den zugefrorenen See zu ziehen.

DAS GOLDGELBE ZIMMER

1716 schenkte der preußische König Friedrich Wilhelm I. dem russischen Zaren Peter I. das sogenannte Bernsteinzimmer, dessen Wände komplett aus dem fossilen Baumharz bestanden. Im Zweiten Weltkrieg wurde es von den Nazis geraubt und nach Königsberg in das Schloss gebracht. Dort verpackte man es 1944 in Kisten und lagerte diese im bombensicheren Keller. Dann verliert sich jede Spur.

Im Katharinenpalast in St. Petersburg befindet sich eine originalgetreue Nachbildung des Bernsteinzimmers.

In der Kathedrale von Valencia, Spanien, wird ein Kelch aufbewahrt, der als der Heilige Gral bezeichnet wird.

DER HEILIGE GRAL

Die Legende vom Heiligen Gral gibt es seit dem 12. Jahrhundert und sie hält sich hartnäckig. Dabei kann niemand genau sagen, ob es ihn überhaupt gibt und was der Gral ist: ein Becher, eine Schüssel, in jedem Fall wohl ein Gefäß. Wer daraus trinkt, wird unbesiegbar, unsterblich und reich, so verspricht es der Mythos. Ritter, Könige, Päpste und die Nazis suchten schon nach ihm, ohne Erfolg.

DER SCHATZ DER TEMPELRITTER

Tempelritter heißen die Männer, die im Mittelalter einer besonderen Gemeinschaft angehörten: dem Templerorden. Sie besaßen viel Land und häuften durch Geldgeschäfte große Reichtümer an, auf die es der französische König abgesehen hatte, da er dringend Geld brauchte. Er verhaftete alle Templer, an den Schatz kam er nicht. Es hieß, diesen hätten die Templer kurz vorher auf 18 Schiffe verladen und fortgebracht. Er wird sowohl in Kanada, Schottland und in Frankreich vermutet.

DER SCHATZ DER NIBELUNGEN

Ein sagenumwobener Schatz soll bei Worms im Rhein liegen. So erzählt es das Nibelungenlied, eine Heldendichtung aus dem Jahr 1200. 144 Karren voll Gold und Edelsteine soll Hagen von Tronje dort versenkt haben, nachdem er Siegfried getötet und dessen Frau Kriemhild den Schatz gestohlen hatte.

Das Denkmal in Worms zeigt Hagen von Tronje, wie er einen Teil des Schatzes ins Wasser wirft.

In Hamburg wurde dem berühmten Piraten ein Denkmal gesetzt.

STÖRTEBEKERS SCHATZ

Der Pirat Klaus Störtebeker selbst ist eine Legende. In der zweiten Hälfte des 14. Jahrhunderts soll er mit seinen Gefolgsleuten unzählige Schiffe in der Ost- und Nordsee geplündert haben, so lange, bis man ihn gefangen nahm und 1401 in Hamburg köpfte. Nach den Reichtümern, die er zusammen mit seinen Leuten anhäufte, wird bis heute gesucht. Sie werden in Marienhafe in Ostfriesland ebenso vermutet wie auf Gotland, Helgoland und Rügen.

DAS NAZI-GOLD

Während des Zweiten Weltkriegs raubten die Nazis Unmengen an Gold, Schmuck und Kunstschätzen. Als sich abzeichnete, dass Deutschland den Krieg verlieren würde, brachten sie die Schätze in Sicherheit. Angeblich soll in Polen ein Zug voller Gold in einem Schacht versteckt worden sein. Gerüchten zufolge versenkten sie außerdem mehrere Goldkisten im Stolpsee in Brandenburg und im Toplitzsee in Österreich. Gefunden wurde bisher keiner dieser Schätze.

DIE BRÜDER SASS AUF BEUTEZUG

In den 1920-Jahren brachen die Brüder Sass in Berlin zahlreiche Schließfächer einer Bank auf und erbeuteten Gold, Geld und Schmuck im Wert von rund zwei Millionen Reichsmark. Angeblich vergruben sie die Beute im Grunewald. Sie ist bis heute verschwunden.

REGISTER

BILDNACHWEIS

stock.adobe.com:
JohanSwanepoel 8, vvoe 10 o. l., o M., Minakryn Ruslan 10 o. r., Qpicimages 10 M., Kevin Carden 10 u., piet ocasek/EyeEm 11 o., veronicji 11 u., photo 5000 15 o., Sveta_Aho 15 M., Photo Joe 15 u., 3drenderings 16 l., allegra47 16 r. o., alephnull 16 r. u., auremar 17 o., M., Blende8 17 u., surasak 19 o. l., kalpis 19 o. r., Werner 19 u. l., Christian Schwier 19 u. r., djama 20 o. l., Bilal 21, altitudedrone 22, Sonja 23 o., alona_s 23 M., Markus Haack 25 o. l., VILevi 25 o. r., marcorubino 25 M., arthit k. 25 u., Sen 26 u., next143 27 o., Brad Pict 27 u., biggi62 28 o., Cora Müller 28 M., Petr Bonek 28 u., Татьяна Пинкасевич 29 o., Tobias 29 M., guy 29 u., Eric Isselée 30, san_ta 31, fotoak80 32 o., dennisjacobsen 32 M., NickVorobey.com 32 u., Formatoriginal 35 o., Ilkka 25 u., Joachim Neumann 36, Antrey 37, Klaus Eppele 38 o. l., JuergenL 38 o. r., Tolits 39 o., creativenature.nl 39 u. l., Arcady (Echo), nn-fotografie 39 u. r., phoenix021 41, Natasha Breen 42 o., New Africa 42 u., George Dolgikh 43 o., M.studio 43 M., grinchh 43 u., nikolas 45 o., Dmytro 45 M., Klaus Brauner 45 u., Petair 46 o., Ruckszio 46 u. l., beerfan 46 u. M., toomler 46 u. r., Maksud 47, Björn Wylezich 48 (Mineral 1–3), khosrork 48 o., Mishainik 49 o., Peruphotoart 49 u., Daniel 50 o. l., Visions-AD 50 o. M., Katja Xenikis 50 o. r., Kaesler Media 50 u. l., norbert67 50 u. r., the_lightwriter 51 o., bymandesigns 51 M. o., savcoco 51 M. u., Tanya Hendel 51 u., H&C 52 o., Lubos Chlubny 52 M., oleandra 52 u., etfoto 53 o., mhp 53 u., Jose Luis Stephens 54 M., u. l., Archivist 55 o. l., o. r., Thomas Müller 55 u., Björn Wylezich 57 o., 59 M. u., marbenzu 58 u. r., Thomas 59 o., M. o., 169169 59 u., Elena 60 o., nerthuz 60 M., Wolfgang Cibura 61 o., Maksim Šmeljov 61 u. l., Denis Topal 61 u. r., EvrenKalinbacak 63 u., trafa 64, Zack Frank 65 u., Rainer Fuhrmann 66 u., JethroT 68 o., angelo chiariello 68 M., u., Galyna Andrushko 69 o., davidionut 69 u., paola moschitto-assenmacher/EyeEm 70 o., fxserafino 70 u., pedrosala 71 o. l., Evgeny 71 o. r., pedrosala 71 u., Matthew 72 o., donyanedomam 75 o., ON-Photography 75 u., Alexey Kuznetsov 76 (alle), Inna 78 o., Menyhert 78 u., Miro Novak 80 M., Fotokon 81 o., Eberhard 81 M. o., lulu 81 M. u., michikopink 81 u., malickim 84 o., Delennyk 84 M., Bernd Leitner 84 u., domeniconardozza 85 o. l., ermess 85 o. r., natalia_maroz 85 u., Increa 88, Sarah 91 u., ConnySkogberg 92 r., apfelweile 92 u., minzpeter 93 o., Couperfield 93 u., Eyes wide (Hintergrund)

istockphoto.com:
francisblack 91 o., Catalin Daniel Ciolca

dpa Picture Alliance, Frankfurt:
blickwinkel/fotototo | fotototo 20 o. r., dpa | Rolf Haid 20 u., R4200 23 u., blickwinkel/A. Hartl | A. Hartl 38 u., dpa | Oliver Berg 53 M., Heritage-Images | The Print Collector/Heritage Images 54 o., REUTERS | Steve Marcus 57 u., dpa | Denis Düttmann 58 u. l., dpa | Waltraud Grubitzsch 62 o., Photoshot | - 73, dpa/dpaweb | Harry Melchert 80 o., Holger Hollemann | Holger Hollemann 80 u., dpa | Keystone Martin Ruetschi 82 o., ZB | Heinz_Hirndorf 82 u., dpa | Marcus Brandt 83

mauritius images, Mittenwald:
9, 24, 26 o., M., 48 u., 54 u. r., 58 o., 60 u., 65 o., M., 66 o., 67, 69 M., 72 u., 77 o., u., 89, 90 o., u.